Jimmy Rolando Molina Ríos
Ronald Christopher Elizalde López
Salviano Vicente Núñez Apolo

Métricas de qualidade

Jimmy Rolando Molina Ríos
Ronald Christopher Elizalde López
Salviano Vicente Núñez Apolo

Métricas de qualidade

ISO/IEC 9126 - ISO/IEC 25000 - ISO/IEC 14598

ScienciaScripts

Imprint

Any brand names and product names mentioned in this book are subject to trademark, brand or patent protection and are trademarks or registered trademarks of their respective holders. The use of brand names, product names, common names, trade names, product descriptions etc. even without a particular marking in this work is in no way to be construed to mean that such names may be regarded as unrestricted in respect of trademark and brand protection legislation and could thus be used by anyone.

Cover image: www.ingimage.com

This book is a translation from the original published under ISBN 978-613-9-44044-3.

Publisher:
Sciencia Scripts
is a trademark of
Dodo Books Indian Ocean Ltd. and OmniScriptum S.R.L publishing group

120 High Road, East Finchley, London, N2 9ED, United Kingdom
Str. Armeneasca 28/1, office 1, Chisinau MD-2012, Republic of Moldova, Europe
Printed at: see last page
ISBN: 978-620-3-49969-8

Conteúdo

AUTORES

Jimmy Rolando Molina Rfos, Doutoramento em TIC
Ronal Christopher Elizalde Lopez, engenheiro de marketing - engenheiro de sistemas.
Salviano Vicente Nunez Apolo, Engenheiro de Tecnologias da Informação.

Introdução

No desenvolvimento de software, sempre foi projetado que o sistema que está a ser criado está em pé de igualdade com os requisitos da pessoa que nos pede os requisitos, portanto a ideia principal que leva à resolução desses requisitos não deve ser distorcida, para eles devem seguir as normas que foram criadas para obter os melhores resultados possíveis, estas normas são implementadas pela ISO/IEC, nesta ISO, são estabelecidas as normas de avaliação de qualidade, as mesmas, que ao longo desta investigação tomámos as normas ISO/IEC 9126, 14598, 25000, estas normas ou ISO, são também conhecidas como métricas que avaliam o processo de desenvolvimento do software, este processo é avaliado de forma diferente de acordo com a norma que aplicamos, Esta métrica escolhida terá sub-processos e regras a seguir, por exemplo, se for avaliado um módulo em qualquer parte do sistema os dados obtidos servirão para a modificação do software caso estes dados não se mantenham na ideia principal dos requisitos obtidos no início, algumas métricas também dão a conhecer os resultados da avaliação de cada módulo ou parte do software à pessoa que deu o problema como é o utilizador ou cliente, de forma a minimizar os erros que são apresentados e poder alterá-los a tempo, conseguindo evitar aborrecimentos no final, na entrega do software, com este objetivo foram desenvolvidas as métricas da avaliação da qualidade, conseguindo obter os melhores resultados do software até à mesma instalação na máquina onde vai ter a sua vida útil como sistema.

Métricas ISO/IEC 9126.

Competências

Define conceitos de métricas ISO 9126

Reconhece as caraterísticas para medir a qualidade

Identifica as subcaracterísticas utilizadas em cada caraterística de qualidade.

Depois de ler esta unidade, os **resultados de aprendizagem**:

Identificar os aspectos de qualidade da norma ISO 9126.

Identificar, classificar e descrever as principais caraterísticas dos   caraterísticas dos avaliação da qualidade.

Conteúdo

1.1 Modelo de qualidade

1.2 Métricas externas

1.3 Métricas internas

1.4 Métricas de qualidade de utilização

Introdução

A ISO 9126 consegue definir várias caraterísticas de qualidade, que são os factores de qualidade, os critérios e as métricas. Os factores de qualidade permitem a especificação, ou seja, a visão do software do ponto de vista dos utilizadores, visão externa; os critérios, que permitem a construção, ou seja, a visão do software do ponto de vista do programador, visão interna; e, por último, as métricas, que permitem o controlo, utilizado para fornecer o método para efetuar a avaliação.

1 MÉTRICAS ISO/IEC 9126: QUALIDADE DO PRODUTO

As métricas da norma ISO 9126 são normas internacionais que fornecem as caraterísticas a considerar para a avaliação da qualidade do software, tendo como referência o utilizador, ou seja, o operador do sistema.

Ao longo do tempo, a norma métrica ISO 9126 evoluiu e tem agora quatro secções principais nas quais se baseia. Estas secções estipulam as caraterísticas que cada uma define para proporcionar uma avaliação segura e eficaz do software. As secções em que se classifica esta métrica são o modelo de qualidade, no qual são apresentadas 6 caraterísticas para medição juntamente com as sub-caraterísticas em que se focam, designa-se por ISO/IEC 9126-1; as métricas externas são as caraterísticas que permitem medir o comportamento geral do software perante os utilizadores finais dentro do ambiente de software em que está estabelecido, designa-se por ISO/IEC 9126-2; as métricas internas são as caraterísticas do software a avaliar, são métricas estáticas, designadas por ISO/IEC 9126-3; e, finalmente, o modelo de qualidade em uso, este modelo geralmente utilizado para a avaliação da qualidade do desenvolvimento de software baseia-se fundamentalmente em 4 factores importantes que são a eficácia, a produtividade, a segurança e a satisfação [1], designado por ISO/IEC 9126-4.

Estas métricas foram concebidas para a especificação e avaliação da qualidade de um determinado software, incluindo na sua avaliação a revisão das caraterísticas fundamentais e básicas para a execução correta do software, e o funcionamento ótimo perante o utilizador final, para satisfazer as necessidades exigidas pelo cliente.

1.1 Modelo de qualidade

Para avaliar a qualidade do software de forma eficaz e óptima, são estabelecidos modelos, que são uma série de caraterísticas ou fases a implementar, com as quais se pode apreciar plenamente a funcionalidade, a garantia e a segurança da satisfação do cliente com o software. O modelo de qualidade é simplesmente uma norma que rege a avaliação do software.

Para tal, as propriedades do software são devidamente caracterizadas, sendo que seis caraterísticas são fundamentais na norma ISO/IEC 9126: funcionalidade, fiabilidade, usabilidade, eficiência, manutenibilidade e portabilidade. Cada uma destas caraterísticas tem subcaracterísticas para avaliação, verificação e garantia de qualidade.

Para conseguir a revisão e a especificação adequadas do sistema informático, existem três níveis de qualidade, três níveis que ajudam a avaliar eficazmente o software, que são as caraterísticas, as funcionalidades e os atributos, que são as entidades susceptíveis de serem verificadas no produto de software.

É de salientar que as caraterísticas e subcaracterísticas do sistema são fixas, ou seja, já estão delimitadas na norma para se conseguir uma avaliação correta. Através da avaliação ou do controlo destas caraterísticas e subcaracterísticas.

As métricas para a avaliação da qualidade também podem ser orientadas para as pessoas, ou seja, são facilitadas pela forma como as pessoas desenvolveram o software, os processos que desenvolveram, a eficácia das ferramentas e os métodos utilizados para o efeito. Esta avaliação é subjectiva, ou seja, depende da perceção que as pessoas têm do software desenvolvido, e pode ser quantitativa ou qualitativa.

1.1.1 Qualidade do software

A qualidade de software baseia-se na combinação de factores de avaliação dentro do sistema que podem afetar a produção de software de qualidade. Estes factores podem ser considerados internos ou externos, o que é considerado e valorizado é que o resultado final satisfaça o cliente e consiga resolver os problemas para os quais o projeto foi desenvolvido.

Os conceitos de qualidade do software são principalmente orientados pelas normas ISO, que são responsáveis pela avaliação da qualidade e do produto do software.

Uma definição estabelecida pela norma ISO 8402 refere que "a qualidade é o conjunto de propriedades e caraterísticas de um produto ou serviço que o tornam apto a satisfazer necessidades explícitas ou indefinidas" [2]. [2]

De acordo com o exposto, pode referir-se que a qualidade do produto de software é considerada como a avaliação das caraterísticas ou funções que conseguem satisfazer as finalidades ou objectivos para os quais o software foi desenvolvido, proporcionando assim um resultado ótimo e eficiente ao cliente ou utilizador.

Diversas definições de qualidade estão ligadas à engenharia de software, à medida que as métricas evoluem, os diversos conceitos de qualidade de software aumentam e se expandem. Essas definições foram variando, tendo como idéia principal o mesmo foco dos conceitos das métricas passadas, assim a qualidade de software passou a ser considerada como "o grau em que um sistema, componente ou processo atende aos requisitos especificados e às necessidades ou expectativas do cliente ou usuário". [2]

Ou seja, a qualidade é tida em conta como uma categoria ou nível, através do qual o sistema ou algum produto consegue cumprir os objectivos definidos durante a especificação de requisitos e planeamento do projeto, bem como satisfazer as necessidades exigidas tanto pelo cliente, que é quem solicitou o software, como pelo(s) utilizador(es) final(is), que são aqueles que irão interagir constantemente com o sistema, realizando receitas, transacções, operações, entre outros.

É de salientar que não são só as normas ou métricas que definem os conceitos de qualidade, vários autores como Pressman [3] e Sommerville [4] conceptualizam a qualidade no âmbito da engenharia de software como "a concordância com os requisitos funcionais e de desempenho estabelecidos, as normas de desenvolvimento documentadas e as caraterísticas esperadas de software desenvolvido profissionalmente". [Tendo em conta a concetualização anterior, é referido que a medição da qualidade é aplicável a qualquer produto, em termos gerais, mas, para a sua realização no âmbito de um sistema informático, é necessário considerar caraterísticas diversas e complexas em comparação com produtos fora deste domínio.

1.1.2 Caraterísticas.

A norma ISO/IEC 9126, no âmbito do primeiro modelo, que é o modelo de qualidade, apresenta determinadas caraterísticas que ajudam a avaliar o software. As caraterísticas em que se divide este modelo são constituídas por 6 aspectos, dentro dos quais se encontram outras sub-caraterísticas. Isto deve-se ao facto de as caraterísticas gerais ou principais serem muito complexas de avaliar, ou seja, não têm os indicadores ou orientações necessários com os quais os criadores ou avaliadores possam rever a qualidade do produto.

Por conseguinte, ao utilizar as subcaracterísticas que representam indicadores da avaliação, é possível obter uma revisão completa e óptima da qualidade do produto, uma vez que representam aspectos mensuráveis, além de fornecerem as orientações necessárias para o procedimento de avaliação.

De acordo com Ruiz, Pena & Castro [5], as caraterísticas pelas quais a qualidade do software é categorizada estão intimamente ligadas ao critério de usabilidade, e são divididas em seis, que são as seguintes

- Funcionalidade.
- Fiabilidade.
- Usabilidade.
- Eficiência.
- Facilidade de manutenção.
- Portabilidade.

Cada uma delas representa um aspecto fundamental para a avaliação da qualidade de um produto de software, mas ao mesmo tempo são muito complexas de medir, pois são gerais, ou seja, a forma como cada caraterística pode ser medida é ampla. Para isso, é necessário subdividir cada uma dessas caraterísticas em subcaracterísticas, com as quais o processo de avaliação da qualidade é simples, rápido e, sobretudo, eficiente.

A seguir, cada caraterística é descrita juntamente com subcaracterísticas para medição.

1.1.3 Funcionalidade

A funcionalidade engloba a capacidade de um produto ou sistema executar funções ou propriedades que satisfaçam as necessidades e resolvam os problemas do cliente e do utilizador [5]. Estas funcionalidades devem ser estabelecidas no planeamento e na estipulação do âmbito do sistema, bem como incluir todas estas operações internamente no sistema a realizar.

Estas funcionalidades devem ser capazes de resolver os problemas ou os inconvenientes que o utilizador tem com o sistema em condições específicas.

A funcionalidade refere-se simplesmente à "capacidade do software para fornecer os serviços necessários para satisfazer os requisitos funcionais" [6]. [6]

Isto é, garante que o software cumpre o(s) objetivo(s) declarado(s), estas funcionalidades fornecidas no sistema devem suprir e cobrir as necessidades, requisitos e objectivos que foram declarados na proposta de projeto, estes devem ser de uma forma impKcita ou expKcita dos utilizadores.

Este grupo é composto por atributos ou também designados por caraterísticas, que permitem qualificar o software como um produto, de modo a que este cumpra os requisitos e satisfaça as necessidades para as quais foi concebido e desenvolvido.

Para se conseguir uma avaliação da qualidade correta e relevante, é necessário avaliar as seguintes sub-caraterísticas [7]:

- **Adequação:** Esta sub-caraterística centra-se na avaliação das funções e tarefas que suportam o software. Procura avaliar se as funções e operações realizadas pelo sistema para a gestão dos requisitos correspondentes cumprem as tarefas que foram estabelecidas durante o planeamento.

Por outras palavras, avalia se as operações realizadas pelo sistema são as mais adequadas e, sobretudo, se estão em conformidade com as tarefas a realizar.

- **Precisão**: Este atributo estipula se os resultados das execuções do sistema estão de acordo com as necessidades que o utilizador pretende satisfazer. Através deste atributo, é possível avaliar a precisão das respostas do produto e se estas são ou não as mais adequadas para a sua resolução.

- **Interoperabilidade**: Esta caraterística permite avaliar a interação do sistema com outros sistemas pré-especificados. A interoperabilidade significa que o sistema pode relacionar-se e criar interações com outros sistemas de forma independente, ou seja, sistemas exteriores ao sistema desenvolvido.

- **Conformidade:** Este atributo avalia se o produto desenvolvido cumpre os requisitos e proporciona conformidade e segurança ao cliente.

- **Segurança:** Neste ponto, é avaliada a segurança e a proteção dos dados dentro do sistema, ou seja, a capacidade do software para proteger as informações, para as manter a salvo de pessoas não autorizadas que as introduzam, modifiquem ou apaguem.

Graças aos aspectos acima mencionados, é importante tê-los em conta, uma vez que estes atributos são mensuráveis em comparação com uma avaliação da funcionalidade global do sistema.

1.1.4 Fiabilidade

A fiabilidade é descrita como a capacidade do produto de software [8] para manter o seu nível de desempenho corretamente, durante um período de tempo estabelecido. Determina se o programa consegue manter-se estável durante a sua execução, sem erros ou falhas que tornem o sistema mais lento ou que o façam falhar.

Esta caraterística é também conhecida como fiabilidade e tem uma forte relação com o utilizador e a interação com o sistema. Os resultados favoráveis desta avaliação devem ser visíveis e devem ser capazes de manter o funcionamento correto do software para os respectivos pedidos feitos pelo utilizador durante um determinado período de tempo e especialmente sob condições específicas.

Para cumprir corretamente o objetivo da avaliação da fiabilidade do software, são estabelecidas subcaracterísticas mensuráveis, sobretudo, que permitem uma avaliação óptima do produto desenvolvido. Estas caraterísticas ou também conhecidas como atributos são [5]:

• **Nível de maturidade:** Dentro deste nível estão os atributos que têm uma certa relação com as falhas do sistema. A maturidade pode ser definida no ambiente da Engenharia de Software como a capacidade de evitar falhas no sistema quando um erro é encontrado.

Exemplos para uma melhor compreensão da maturidade do produto de software incluem mensagens de aviso ao utilizador quando este executa uma operação no software que pode gerar erros.

Nalguns casos, considera-se que o nível de maturidade também "mede a frequência das falhas devidas a erros de software" [7]. [7]

• **Tolerância a falhas:** Este atributo de software está estreitamente relacionado com a capacidade do software para atingir um nível de desempenho esperado em situações em que podem ocorrer falhas de software.

É essencial determinar e avaliar este atributo, porque o sistema deve manter sempre o desempenho e o funcionamento, independentemente da situação, mas principalmente para manter o sistema estável em caso de erros.

A tolerância a falhas pode ser definida como "a capacidade de manter um nível de desempenho esperado em caso de falhas de software ou de violações da sua interface esperada" [7]. [7]

• **Recuperabilidade:** Esta subcaracterística espera e valida que o sistema consiga restaurar dados que foram considerados perdidos ou eliminados. Isto acontece normalmente após uma falha ou alteração que viole os parâmetros de integridade das classes concebidas nas aplicações.

Pode ser considerada como "a capacidade de restabelecer o nível de funcionamento e recuperar os dados que foram diretamente afectados por uma falha, bem como o tempo e o esforço necessários para o conseguir" [7]. Por outras palavras, a capacidade do sistema para recuperar de uma falha de desempenho ou de uma perda de dados.

• **Conformidade da fiabilidade:** esta última é utilizada apenas para verificar se o software cumpre os atributos relacionados com a fiabilidade, ou seja, a capacidade de aplicar normas, legislação, etc., relacionadas com a fiabilidade.

Os atributos acima referidos avaliam o produto de software, para determinar se este garante um bom tratamento de erros ou falhas no produto de software em qualquer situação. Devem ser considerados vários aspectos, incluindo a consideração e a prevenção de erros através da conceção do sistema e o tratamento correto desses erros, ou seja, a forma de tratar os erros caso ocorram.

1.1.5 Usabilidade

A usabilidade é a capacidade do software de ser compreendido, aprendido e, sobretudo, a facilidade de utilização que possui.

Neste contexto, os critérios de funcionalidade, fiabilidade e eficiência interferem e são utilizados para obter uma avaliação correta da qualidade do produto de software.

A usabilidade da aplicação deve ser compatível com a aquisição de novos procedimentos de conhecimento para conseguir uma execução correta da aplicação [9]. As inspecções de usabilidade consistem numa série de métodos de análise e de recolha de dados. O principal objetivo é analisar os diferentes aspectos da aplicação, a fim de incorporar os desenhos mais adequados da interface do utilizador.

A usabilidade só pode ser avaliada através da interação entre os utilizadores e o sistema, ou seja, é uma avaliação que se centra no utilizador final, indicando a facilidade com que este manipula o software, a facilidade com que compreende os processos, a interface e os resultados que gera.

De acordo com Ruiz, Pena & Castro, a usabilidade é "a capacidade de um produto de software ser compreensível, aprendível, utilizável e atrativo para o utilizador quando é utilizado em condições específicas" [5]. [5]

À medida que as normas de avaliação da qualidade evoluem, as caraterísticas envolvidas na avaliação do produto incluem a facilidade de utilização do produto, a facilidade de aprendizagem do produto, a facilidade de execução de uma determinada tarefa, a facilidade de instalação do produto, a facilidade de encontrar informações no manual, a facilidade de compreensão das informações e, por último, a facilidade de utilização dos exemplos de ajuda.

A caraterização da usabilidade mede o grau em que o sistema é ótimo para ser utilizado e gerido pelos utilizadores finais e pode ser considerada como o "conjunto de atributos relacionados com o esforço necessário para a utilização e a avaliação individual dessa utilização por um conjunto estabelecido ou implícito de utilizadores" [1]. [1]

Tal como as caraterísticas anteriores, a usabilidade tem subcaracterísticas que se dirigem ao utilizador:

• **Facilidade de compreensão:** Este atributo refere-se ao esforço exigido pelo utilizador final para reconhecer a estrutura lógica do software. Nele se estabelecem diretrizes para conseguir uma fácil compreensão do funcionamento do sistema e da sua utilização para as tarefas e determinadas condições que a aplicação apresenta, bem como a documentação e os guias de ajuda que são gerados com o programa. Por outras palavras, a facilidade de compreensão indica a facilidade com que o utilizador aprende as funcionalidades e operações do sistema, incluindo os conceitos lógicos e as suas aplicações.

• **Facilidade de aprendizagem:** Neste atributo, são estabelecidos campos para avaliar o produto de acordo com a sua capacidade de ser compreendido pelos utilizadores. Na facilidade de aprendizagem é essencial ter em conta que os sistemas devem ser intuitivos tanto no seu funcionamento como na sua interface, para que o utilizador não tenha maior complexidade ao tentar gerir qualquer operação dentro do sistema.

• **Operabilidade:** Também conhecida como operabilidade, é definida como a forma como o software permite ao utilizador operá-lo e manipulá-lo. É essencial que o software seja fácil de manipular, para que o utilizador possa realizar as operações de que necessita de forma rápida, fácil e eficiente.

Para medir a usabilidade de um sistema, são estabelecidos três atributos principais [10]:

• **Eficácia:** define-se como a precisão e a exatidão da aplicação para que o utilizador atinja os objectivos especificados na aplicação. Inclui a facilidade de compreensão e de aprendizagem pelo utilizador.

* **Eficiência**: A eficiência é definida como os recursos utilizados para atingir objectivos específicos com exatidão e exaustividade.
* **Satisfação**: Avalia o conforto que a aplicação proporciona ao utilizador final e considera a aceitação da aplicação por parte dos utilizadores.

1.1.6 Eficiência

Esta caraterística permite a avaliação do software com base no seu desempenho e na quantidade de recursos utilizados durante o seu processo de desenvolvimento. A eficiência é definida como a capacidade de um produto de software atingir um desempenho de software adequado, que está fundamentalmente relacionado com a quantidade de recursos utilizados para criar o sistema, em determinadas condições.

A eficiência, em termos gerais, pode ser definida como a habilidade, capacidade ou propriedade que se possui para obter um resultado ótimo e favorável, comparando a funcionalidade do mesmo e os recursos que são utilizados durante a sua execução.

Este é um atributo fundamental na avaliação do produto de software, tanto para um melhor desempenho como para um desenvolvimento optimizado. O que se pretende com a eficiência é desenvolver um software que realize diretamente as operações para as quais foi concebido e que utilize o mínimo de recursos durante o processo de desenvolvimento.

"A eficiência do software é a forma de desempenho adequado, de acordo com o número de recursos utilizados nas condições dadas. Deve ter em conta outros aspectos como a configuração do hardware, sistema operativo, entre outros." [8]

Pode ser determinado como o grau em que o software executa as suas funções de forma optimizada e faz uma utilização óptima e esperada dos recursos do sistema.

Da mesma forma, são estabelecidas caraterísticas para medir a eficiência de um produto de software, uma vez que não é possível avaliá-lo de uma forma geral:

* **Tempo de utilização:** Este atributo estabelece o comportamento em relação ao tempo necessário para efetuar uma operação no spertfico. "Atributos de software relacionados aos tempos de resposta e de processamento de dados" [7]. [7] Esta sub-caraterística é importante porque estipula os tempos de resposta do sistema desenvolvido, e também analisa e avalia o processamento de dados requerido pelas operações realizadas dentro do produto, avaliando a eficiência e se o tempo de resposta das operações realizadas é correto e eficiente.

Um exemplo claro de avaliação do tempo de utilização é a determinação do tempo de resposta do sistema a uma funcionalidade solicitada pelo utilizador final, para além da análise da quantidade de código utilizado para realizar o processo pretendido.

* **Recursos utilizados:** esta   caraterística centra-se na comportamento em relação aos recursos utilizados durante o processo de desenvolvimento do software. "Atributos do software relacionados com a quantidade de recursos utilizados e a duração da sua utilização no desempenho das suas funções. [7] Esta subcaracterística é importante porque proporciona mais controlo e garantia sobre o processo de desenvolvimento e sobre o desempenho do sistema nas condições exigidas. Nesta parte, é avaliada não só a quantidade de recursos que foram utilizados, mas também a duração que estes recursos terão dentro do projeto, no momento da realização de alguma função principal do sistema.

A conformidade com a eficiência também pode ser considerada como um dos seus atributos ou caraterísticas.

• **Conformidade com a eficiência:** Este atributo representa a capacidade do software para cumprir os padrões e normas relacionados com a eficiência em geral. Neste ponto, avalia-se se os produtos de software cumprem corretamente todos os requisitos que os sistemas têm, com base na eficácia que os sistemas proporcionam, utilizando os recursos de forma optimizada e cumprindo rapidamente as funções que o sistema deve cumprir.

1.1.7 Facilidade de manutenção

Esta caraterística refere-se aos atributos que permitem medir o esforço necessário para desenvolver e, por conseguinte, efetuar modificações no sistema, quer devido à correção de erros quer, por vezes, devido ao aumento dos requisitos do sistema.

"A capacidade de manutenção é a capacidade do software para ser modificado. Incluindo correcções ou melhorias no software, alterações no ambiente e especificações de requisitos funcionais." [8]

Neste ponto, é possível representar as modificações ou a facilidade com que o software pode ser modificado. Existem vários factores que afectam a utilização ou avaliação do software, e que exigem certas modificações no software. Entre estes, uma vez realizado o software, este deve ser corrigido, pois apresenta erros durante o processo de execução, que podem ser, por exemplo, uma falha na validação dos campos, uma falha na comunicação com a base de dados, ou que os cálculos internos efectuados não sejam os adequados.

Outra circunstância em que um software deve ser modificado é quando há uma modificação nos requisitos, seja para acrescentar algum requisito ou simplesmente para melhorar, modificar ou eliminar algum campo ou requisito do sistema. Isto acontece quando o cliente decide implementar novas funcionalidades no sistema ou simplesmente deseja realizar alguma outra ação, como modificá-lo, eliminá-lo ou, em certos casos, melhorá-lo.

Por fim, outra circunstância que surge é a melhoria do software, que tende a ocorrer principalmente em aplicações móveis e web. Este caso ocorre quando se pretende criar uma atualização do sistema, uma nova versão ou implementar alguma nova funcionalidade ao mesmo. Exemplos destes casos são apresentados em aplicações móveis, que devem estar constantemente a melhorar, aumentando as suas funções para chamar a atenção do cliente.

A facilidade de manutenção é essencial porque permite efetuar melhorias e modificações no sistema sem necessidade de o criar de raiz. Uma estrutura e uma codificação limpas e compreensíveis são os principais pontos que permitem aumentar uma operação a um sistema já existente, caso contrário seriam gerados vários problemas, incluindo o atraso no tempo de desenvolvimento, a confusão e o aparecimento de possíveis erros.

As alterações que se pretendem efetuar podem ser de pequena ou de grande magnitude, isto dependerá do que se pretende modificar. Neste ponto é possível modificar desde a interface do utilizador, a localização dos botões, o desenho dos mesmos, ou simplesmente porque não são atractivos para o cliente; também é possível modificar a parte estrutural ou funcional do sistema, ou seja, fazer uma mudança nos processos que realiza.

Apresenta as seguintes sub-caraterísticas para obter uma avaliação perfeita da capacidade de manutenção do produto de software.

• **Capacidade de análise:** "Relacionada com o esforço necessário para diagnosticar deficiências ou causas de falhas, ou para identificar as partes que precisam de ser modificadas. [7] Esta subcaracterística especifica a forma como o software pode ser diagnosticado quanto a deficiências ou causas de falhas, neste ponto são consideradas fases e processos como a codificação, a conceção e a documentação das alterações.

Este ponto é fundamental, pois avalia e determina os aspectos do software para um diagnóstico das possíveis deficiências que este possa ter, ou simplesmente as causas de possíveis falhas que o sistema possa apresentar.

Além disso, são analisadas as fases, partes ou processos que podem ser modificados no sistema, bem como as contingências que podem surgir.

• **Modificabilidade:** "Mede o esforço necessário para modificar aspectos do software, eliminar bugs ou adaptar o software para funcionar num ambiente diferente". [7]

Também conhecida como capacidade de alteração, indica a capacidade do produto de software para efetuar uma alteração futura, que deve ser especificada e depois implementada.

Deve ser analisada para que o programador ou a pessoa que efectua as alterações as possa fazer de forma rápida, simples e optimizada.

• **Estabilidade:** "Permite avaliar os riscos de efeitos inesperados devido a modificações efectuadas no software" [7]. [7]

Este atributo representa as relações de risco que podem apresentar os efeitos de modificações inesperadas. Este ponto é fundamental porque permite manter estável o processo de execução do sistema, além de representar a forma como o software está preparado para as modificações das alterações exigidas pelo cliente ou pelo ambiente de desenvolvimento.

• **Testabilidade:** "Refere-se ao esforço necessário para validar o software depois de este ter sido modificado". [7] Este atributo especifica a forma como o software permite testar e avaliar as modificações efectuadas. Esta ação deve ser realizada na condição de não colocar em risco os dados ou as informações, e muito menos o sistema desenvolvido.

Os testes realizados são importantes porque permitem verificar se os testes realizados no sistema são fáceis e se as modificações efectuadas não alteram a estrutura do projeto.

1.1.8 Portabilidade

Esta caraterística refere-se à capacidade do software para ser transferido ou transportado de um ambiente para outro. Dentro desta caraterística está a facilidade de implementar funções ou simplesmente o sistema em geral de um ambiente de desenvolvimento para outro, sem a necessidade de fazer qualquer modificação no software. Além disso, ao transferir de um ambiente para outro, não se perdem dados nem se criam erros.

O problema mais comum no desenvolvimento de software é a dificuldade de ser transportado para outro ambiente, que pode ser avaliado em dois pontos: ser transportado de um ambiente de desenvolvimento para outro, ou ser transportado de um local de instalação para outro.

No primeiro caso, é preciso verificar se a codificação, a implementação e o design não interferem ou são dependentes do ambiente em que está sendo desenvolvido, ou seja, quando o sistema é transferido de um ambiente para outro, não gera erros ou falhas nem pelo código nem pelos recursos que foram utilizados anteriormente.

No segundo caso, é especificada a transferência de um local de execução para outro, ou seja, que a aplicação ou sistema possa ser instalado noutro computador sem qualquer problema e, sobretudo, que possa ser instalado sem gerar erros.

Entre as caraterísticas encontradas na portabilidade estão:

- **Adaptabilidade**: A adaptabilidade refere-se à avaliação da adaptabilidade do software em diferentes ambientes, sem necessidade de modificações para o fazer funcionar corretamente. A adaptabilidade é um dos principais requisitos do sistema, porque um software que pode ser instalado em qualquer lugar, sem alterar o seu desempenho, é mais eficiente e eficaz do que outros sistemas. Durante a criação do sistema, deve ter-se o cuidado de não criar dependências em relação às caraterísticas principais de um único computador ou de um único utilizador.

- **Facilidade de instalação:** esta caraterística representa o esforço necessário para instalar o software num determinado ambiente. Este ponto especifica a diversidade para conseguir uma instalação correta do sistema, ou seja, que o sistema possa ser instalado em diferentes ordens e para diferentes utilizadores, sem necessidade de fazer modificações no sistema ou no código para garantir que o funcionamento do sistema não se altera.

- **Conformidade:** "Permite avaliar se o software adere a normas ou convenções relacionadas com a portabilidade". [7] Este ponto avalia se o software cumpre os requisitos e qualidades correspondentes para uma boa portabilidade.

- **Substituibilidade:** "A capacidade de um software ser substituído por outro software do mesmo tipo e com o mesmo objetivo". [8] A substituibilidade, ou também conhecida como substituibilidade, especifica a capacidade do software para conseguir implementar uma substituição desse software por software melhorado concebido para o mesmo tipo de sistema e para o mesmo objetivo.

Um exemplo desta caraterística pode ser considerado, aquando da substituição de uma nova aplicação, nos casos geralmente de aplicações web ou móveis, são criadas novas versões da mesma, em que simplesmente são feitas melhorias no programa, sem necessidade de modificar dados, ou alterar radicalmente a estrutura interna. O sistema deve ter a possibilidade e a capacidade de ser modificado ou atualizado, bastando para isso executar a nova aplicação e migrar os dados para o novo software, que pode ser de um fornecedor diferente ou do mesmo fornecedor.

1.2 Métricas externas.

A métrica de qualidade externa é o grau em que o produto consegue satisfazer as necessidades explícitas do software em condições específicas, neste ponto é avaliado o objetivo e até que ponto o produto consegue satisfazer as necessidades, é medida e avaliada sob propriedades dinâmicas, considerada como métrica dinâmica, é realizada nas fases de controlo de qualidade do ciclo de vida do software.

1.3 Métricas internas.

As métricas internas de um produto de software são definidas como os atributos de um produto ou sistema que determinam a capacidade de satisfazer os problemas e as necessidades apresentadas pelo utilizador de forma explícita e implícita, em condições especificadas.

Pode ser medida e avaliada pelas caraterísticas dos documentos de requisitos do sistema. Esta avaliação é efectuada nas fases iniciais do ciclo de vida do software, em que é possível medir, controlar e avaliar a qualidade interna do produto de software.

1.4 Métricas de qualidade de utilização.

"A qualidade na utilização é a qualidade do software que o utilizador final reflecte, a forma como o utilizador final é capaz de executar os processos com satisfação, eficiência e precisão.

A qualidade na utilização deve garantir o teste ou a revisão de todas as opções com que o utilizador trabalha diariamente e dos processos que realiza esporadicamente relacionados com o mesmo software". [8]

1.4.1 Caraterísticas

- **Segurança**: "é a capacidade do software para cumprir os níveis de risco permitidos, tanto para os potenciais danos físicos como para os potenciais riscos para os dados". [8]

- **Satisfação**: A capacidade do software para satisfazer as necessidades do cliente e do utilizador final, para além de cumprir os requisitos e objectivos estabelecidos na fase de planeamento.

- **Produtividade**: "capacidade do software para permitir que os utilizadores gastem a quantidade adequada de recursos em relação à Eficiência (Eficácia) obtida". [8]

- **Eficiência**: A capacidade do software para fornecer ao utilizador resultados precisos utilizando a menor quantidade de recursos possível e obtendo o melhor resultado.

| CONCEITOS IMPORTANTES

- **Portabilidade:** A capacidade de um sistema se deslocar de um local ou ambiente para outro. Tem determinadas caraterísticas que devem ser tidas em conta, como a adaptabilidade, a facilidade de instalação, a conformidade e a facilidade de substituição.

- **Mantenabilidade:** É a capacidade de um sistema ser modificado, este aspeto tem em conta as possíveis modificações devido a melhorias (criação de versões), ou devido a uma mudança de requisitos nas funcionalidades do software, por parte do cliente.

- **Funcionalidade:** É a capacidade de um produto para cumprir as funções e operações para as quais foi concebido. Deve ser capaz de resolver as necessidades apresentadas pelo cliente quando utiliza o sistema. Tem caraterísticas como a adequação, a exatidão, a interoperabilidade, a conformidade e a segurança.

- **Recuperabilidade:** A capacidade do sistema para recuperar dados e informações perdidos após a ação de uma falha. É capaz de restabelecer o nível de execução e recuperar os dados desejados.

- Maturidade: É a capacidade do sistema de tolerar ou medir a frequência de falhas que podem existir devido a erros no software. Avalia a capacidade de prevenir as falhas do sistema que são geradas quando um erro é encontrado.

LEITURA COMPLEMENTAR

Do artigo académico: "Modelo de Avaliação da Qualidade de Software Baseado em Lógica Fuzzy, Aplicado a Métricas de Usabilidade segundo a Norma ISO/IEC 9126", de Hugo F. Arboleda Jimenez. MSc.Gustavo Alberto Ruiz, Alejandro Pena, e Carlos Arturo Castro, que está disponível no seguinte link:
http://www.redalyc. org/htm l/1331/133114988005/
Desenvolver as seguintes questões:
1. Como é que a norma IEE descreve a qualidade do software?
2. Qual é um aspeto fundamental da qualidade do software? Porquê?
3. Quais são as principais caraterísticas da qualidade do software?
4. Quais são as medidas subjectivas que podem ser utilizadas para a análise da qualidade?
5. Definir a caraterística de facilidade de manutenção e especificar as suas sub-caraterísticas.

Do artigo "Usability in Mobile Applications", de Enriquez Juan Gabriel, e Casas Sandra Isabel. Disponível no seguinte link:
https://dialnet.unirioja.es/descarga/articulo/5123524.pdf
Desenvolver as seguintes questões:
1. Quais são os atributos considerados para medir o grau de usabilidade de uma aplicação informática?
2. Quais são as caraterísticas que uma métrica deve satisfazer?
3. Definir a métrica de usabilidade ISO 9241-11.
4. Os atributos de uma aplicação podem ser medidos diretamente? Porquê?
5. Qual é a classificação das métricas e qual a definição de cada uma delas?

OFICINA Nº 1
Preencher o quadro seguinte com as caraterísticas do modelo do
Norma de qualidade ISO/IEC 9126 com as suas respectivas sub-caraterísticas.

MODELO DE QUALIDADE	
Caraterísticas	**Sub-caraterísticas**
Funcionalidade	- - - -
Fiabilidade	-

	-
	-
Usabilidade	-
	-
	-
Eficiência	-
	-
Capacidade de manutenção	-
	-
	-
	-
Portabilidade	-
	-
	-

Mencionar uma situação da vida real que exemplifique as seguintes sub-caraterísticas mencionadas.

Caraterística: Eficiência.

Subcaracterística: Tempo de utilização.

Exemplo:

Caraterísticas: Facilidade de manutenção.

Sub-caraterística: Capacidade de modificação.

Exemplo:

Caraterística: Portabilidade.

Sub-caraterística: Adaptabilidade.

Exemplo:

WORKSHOP N° 3 -

Relacionar cada um dos conceitos com as caraterísticas que corresponde.

O sistema é capaz de restaurar os dados que foram considerados perdidos ou eliminados.	**Capacidade de substituição**
a avaliação da adaptação do software em diferentes ambientes, sem necessidade de efetuar modificações no mesmo	**Tolerância a falhas**
Capacidade de atingir um nível específico de desempenho em situações em que podem ocorrer falhas de software.	**Adaptabilidade**
A capacidade do software para ser substituído por outro software do mesmo tipo e com o mesmo objetivo.	**Recuperabilidade**
Capacidade de evitar falhas no sistema quando são encontrados erros.	**Nível de maturidade**

		AVALIAÇÃO
	FORMATO	SIMPLES
	Contexto	
	Abordagem	**Quando falamos de tolerância a falhas para a qualidade do software, estamos a referir-nos a...?**
	OPÇÃO A	A capacidade do sistema para recuperar de falhas de desempenho ou de perda de informação.
	OPÇÃO B	A capacidade do software para ser compreendido pelo utilizador.
	OPÇÃO C	A capacidade do software para proteger a informação de agentes externos.
	OPÇÃO D	A capacidade do software para atingir um nível específico de desempenho em situações em que podem ocorrer falhas.
	Resposta correta	D
	Nível	1
1	**Operação Cognitiva**	Aplicação de conceitos e princípios
	FORMATO	SIMPLES
	Contexto	
	Abordagem	**Que subcaracterísticas pertencem à funcionalidade?**
	OPÇÃO A	Nível de maturidade, tolerância a falhas, capacidade de recuperação.
	OPÇÃO B	Adequação, exatidão e interoperabilidade.
	OPÇÃO C	Tempo de utilização, Recursos utilizados.
	OPÇÃO D	Facilidade de compreensão, facilidade de aprendizagem e facilidade de utilização.
	Resposta correta	B
	Nível	1
2	**Operação Cognitiva**	Aplicação de conceitos e princípios
	FORMATO	SIMPLES
	Contexto	
	Abordagem	**A métrica de satisfação da qualidade de utilização refere-se a...?**
3	**OPÇÃO A**	Capacidade do software para cumprir os níveis de risco de potenciais danos físicos e de dados.
	OPÇÃO B	Capacidade do software para satisfazer as expectativas do utilizador final.
	OPÇÃO C	Capacidade do software para permitir que a quantidade adequada de recursos seja gasta.
	OPÇÃO D	Capacidade de software para facilitar a realização de objectivos com precisão.

	Resposta correta	B
	Nível	1
	Operação Cognitiva	Aplicação de conceitos e princípios
	FORMATO	SIMPLES
	Contexto	
	Abordagem	**A métrica da qualidade de utilização da Eficácia refere-se a...?**
	OPÇÃO A	Capacidade do software para cumprir os níveis de risco de potenciais danos físicos e de dados.
	OPÇÃO B	Capacidade do software para satisfazer as expectativas do utilizador final.
	OPÇÃO C	Capacidade do software para permitir que a quantidade adequada de recursos seja gasta.
	OPÇÃO D	Capacidade de software para facilitar a realização de objectivos com precisão.
	Resposta correta	D
	Nível	1
4	**Operação Cognitiva**	Aplicação de conceitos e princípios
	FORMATO	SIMPLES
	Contexto	
	Abordagem	**Quando falamos de nível de maturidade em qualidade de software, referimo-nos a...?**
	OPÇÃO A	A capacidade do sistema para recuperar de uma falha de desempenho ou de uma perda de dados.
	OPÇÃO B	A capacidade do software para evitar falhas no sistema quando são encontrados erros.
	OPÇÃO C	A capacidade do software para proteger a informação de agentes externos.
	OPÇÃO D	A capacidade do software para atingir um nível de desempenho esperado em situações em que podem ocorrer falhas.
	Resposta correta	B
	Nível	1
5	**Operação Cognitiva**	Aplicação de conceitos e princípios
6	**FORMATO**	**SIMPLES**
	Contexto	
	Abordagem	**A que se refere o seguinte conceito?** *Estas são as caraterísticas do software a ser avaliado, são métricas estáticas.*

	OPÇÃO A	Métricas internas
	OPÇÃO B	Métricas externas
	OPÇÃO C	Modelo de qualidade
	OPÇÃO D	Modelo de qualidade de utilização.
	Resposta correta	A
	Nível	1
	Operação Cognitiva	Aplicação de conceitos e princípios
	FORMATO	SIMPLES
	Contexto	
	Abordagem	**O modelo de qualidade é composto por métricas externas e internas?**
	OPÇÃO A	Verdadeiro
	OPÇÃO B	Falso
7	Resposta correta	A
	Nível	1
	Operação Cognitiva	Aplicação de conceitos e princípios
	FORMATO	SIMPLES
	Contexto	
	Abordagem	**^A funcionalidade de manutenção refere-se a...?**
	OPÇÃO A	Atributos que permitem medir o esforço necessário para desenvolver e, consequentemente, efetuar modificações no sistema.
	OPÇÃO B	A capacidade do software para evitar falhas no sistema quando são encontrados erros.
	OPÇÃO C	A capacidade do software para proteger a informação de agentes externos.
	OPÇÃO D	A capacidade do software para atingir um nível específico de desempenho em situações em que podem ocorrer falhas.
	Resposta correta	A
	Nível	1
8	Operação Cognitiva	Aplicação de conceitos e princípios
	FORMATO	SIMPLES
	Contexto	
	Abordagem	**Qual é a definição de qualidade de software?**
	OPÇÃO A	Uma avaliação das diferentes caraterísticas ou funções que satisfazem os objectivos para os quais o software foi concebido.
9	OPÇÃO B	Processo simples, que requer a especificação de uma série de

		passos fundamentais para um desenvolvimento correto do software
	OPÇÃO C	Processo de especificação e avaliação da qualidade de um determinado software
	OPÇÃO D	são normas internacionais que fornecem as caraterísticas a ter em conta para avaliar a qualidade do software.
	Resposta correta	A
	Nível	1
	Operação Cognitiva	Aplicação de conceitos e princípios
	FORMATO	SIMPLES
	Contexto	
	Abordagem	**A qualidade do software baseia-se na avaliação apenas dos factores externos do sistema?**
	OPÇÃO A	Verdadeiro
	OPÇÃO B	Falso
	Resposta correta	B
	Nível	
	Operação Cognitiva	Aplicação de conceitos e princípios
10		

GLOSSÁRIO (Ordem alfabética)

- **Acessibilidade**: "Considerações tidas em conta por eventuais limitações físicas, visuais, auditivas ou outras dos utilizadores. [11]

• **Qualidade**: "o grau em que o software possui uma combinação desejada de atributos, esta combinação de atributos deve ser claramente especificada". [11]
• **Erros**: "Os erros que o utilizador comete ao utilizar a aplicação e a gravidade desses erros". [11]
• **Portabilidade**: "Capacidade de a aplicação ser transferida de um ambiente para outro (plataformas diferentes)". [11]
• **Segurança**: "Capacidade de atingir níveis aceitáveis de risco. Disponibilidade de mecanismos que controlam e protegem a aplicação e os dados armazenados" [11].

| SOLUÇÃO (AVALIAÇÃO)

1. D) A capacidade do software para atingir um nível de desempenho especificado em situações potencialmente defeituosas.
2. B) Adequação, exatidão e interoperabilidade.
3. B) Capacidade do software para satisfazer as expectativas do utilizador final.
4. D) Capacidade de software para facilitar a realização de objectivos com precisão.
5. B) A capacidade do software para evitar falhas no sistema quando são encontrados erros.

6. A) Métricas internas

7. A) Verdadeiro

8. A) Atributos que permitem medir o esforço necessário para desenvolver e, consequentemente, efetuar modificações no sistema.

9. A) Uma avaliação das diferentes caraterísticas ou funções que satisfazem os objectivos para os quais o software foi concebido.

10. B) falso

CAPÍTULO II

Metrica 25000.

Competências

Identificar as caraterísticas básicas da Métrica 25000 no âmbito da Engenharia de Software.
Conhecer os parâmetros que as Métricas oferecem como guia para um excelente projeto de software.
Utilização de métricas em projectos de Engenharia de Software.
Os resultados de aprendizagem serão alcançados no final desta unidade:
itificar as caraterísticas do Rich 25000 que são utilizadas nos diferentes projectos de software.
Identificar os processos que ocorrem e o efeito da aplicação de métricas.
Conteúdo
2.1 Estrutura da norma.
2.2 Divisão do modelo de qualidade

2 ISO /IEC 25000

A ISO/IEC 25000, conhecida como AQuaRe (Requisitos e Avaliação da Qualidade do Sistema e do Software), tem por objetivo fornecer um quadro único para o processo de avaliação da qualidade do software.

"A ISO/IEC 25000 é o resultado da evolução e implementação de normas anteriores, especialmente a ISO/IEC 9126, que descreve as especificidades de um modelo de qualidade de produto de software, e a ISO/IEC 14598, que aborda o processo de avaliação de produtos de software. "Fonte especificada inválida.

Divisão da ISO/IEC 25000.

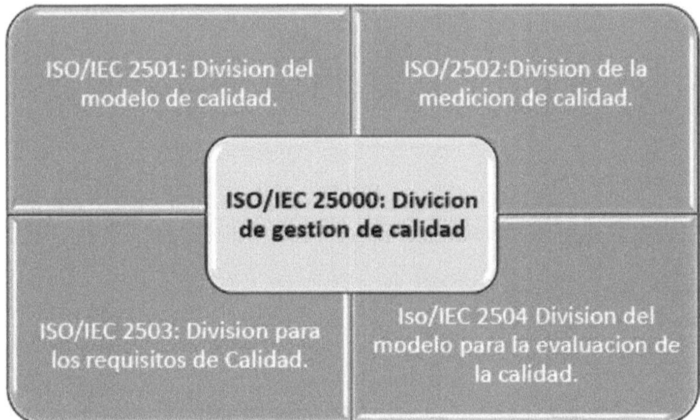

Fonte: https://iso25000.com/index.php/normasiso25000?limit=4&start=4

2.1 Estrutura da norma ISO/IEC 25000

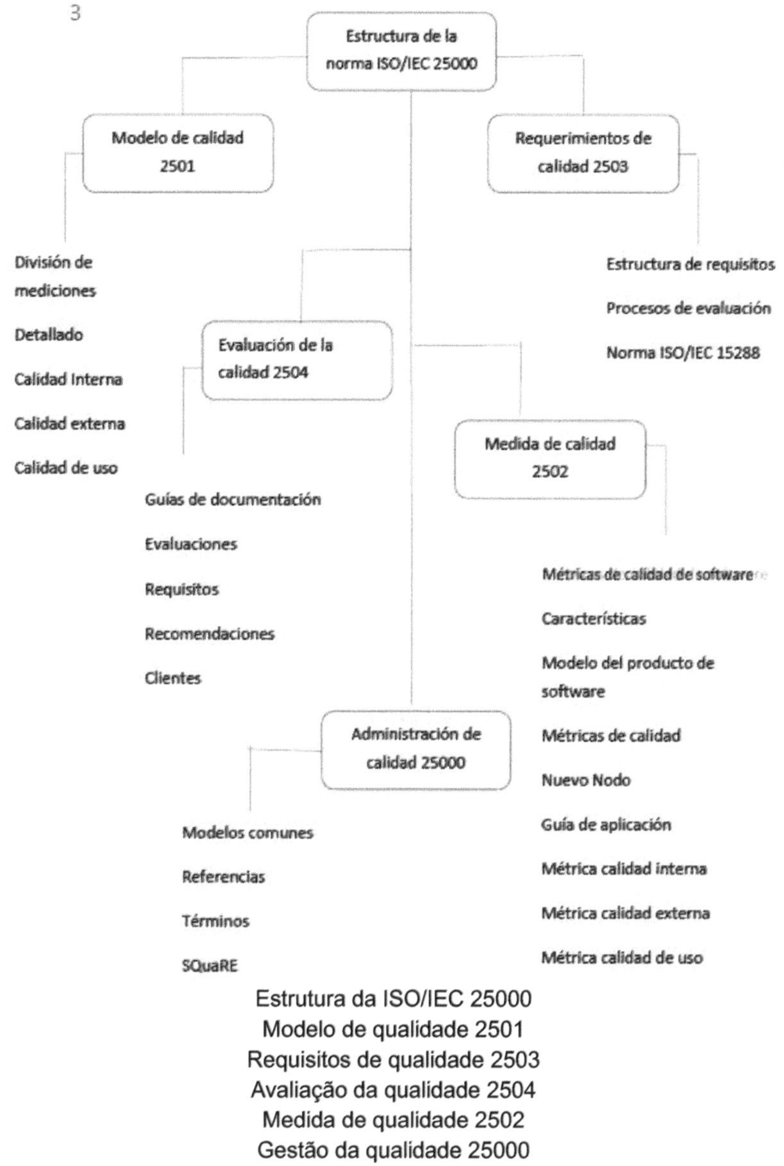

Estrutura da ISO/IEC 25000
Modelo de qualidade 2501
Requisitos de qualidade 2503
Avaliação da qualidade 2504
Medida de qualidade 2502
Gestão da qualidade 25000
Divisão de Medição Detalhada Qualidade Interna Qualidade Externa Qualidade Qualidade de Utilização
A
Documentação Guias Avaliações Avaliações Requisitos Recomendações Clientes Métricas de qualidade de software Caraterísticas Modelo de produto de software

Métricas de qualidade Guia de aplicação do novo nó Métricas de qualidade interna
Métricas de qualidade externa Métricas de usabilidade Métricas de qualidade
Modelos comuns Referências Termos SQuaRE
Estrutura de requisitos Processos de avaliação Norma ISO/IEC 15288

3.1 ISO/IEC 25000 Divisão do modelo de qualidade

A divisão de qualidade inclui caraterísticas internas e externas para a qualidade.
de utilização de um software. Atualmente é composto por:

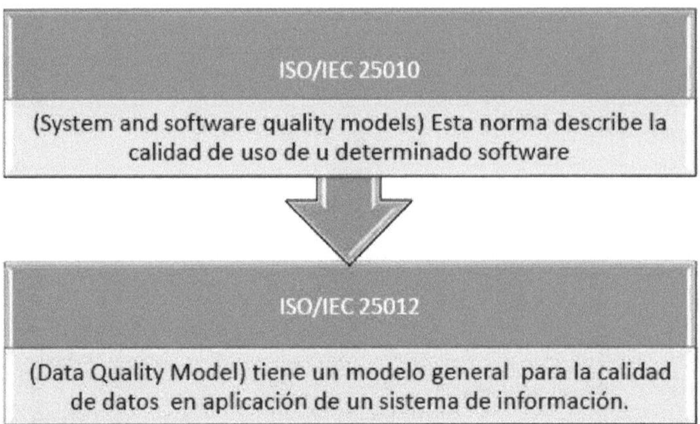

ISO/IEC 25010

(Modelos de qualidade de sistemas e de software) Esta norma descreve a qualidade
de utilização de um determinado produto de software.

ISO/IEC 25012

(Modelo de qualidade dos dados) tem um modelo geral para a qualidade dos dados
numa aplicação de sistema de informação.

3.2 Divisão ISO/IEC 2502 da medição da qualidade.

Estas normas referem-se a uma medida de qualidade do produto, são elas
composto por:

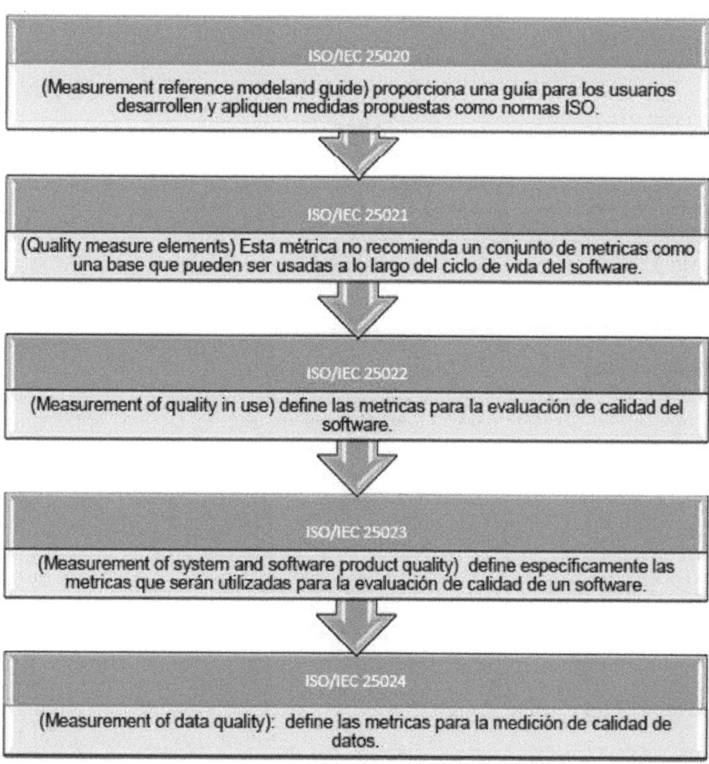

ISO/IEC 25020

(Modelo de referência e guia de medição) fornece orientações para os utilizadores desenvolverem e aplicarem as medidas propostas como normas ISO.

ISO/IEC 25021

(Elementos de medição da qualidade) Esta métrica não recomenda um conjunto de métricas como base que possa ser utilizada ao longo do ciclo de vida do software.

ISO/IEC 25022

(Medição da qualidade em utilização) define as métricas para a avaliação da qualidade do software.

ISO/IEC 25023

(Medição da qualidade dos sistemas e dos produtos de software) define especificamente as métricas a utilizar para a avaliação da qualidade do software.

ISO/IEC 25024

(Medição da qualidade dos dados: define as métricas para a medição da qualidade dos dados.

ISO/IEC 2503: Divisão de Requisitos de Qualidade.

Esta norma tem por objetivo especificar os requisitos de qualidade que podem ser utilizados num projeto de software

podem ser utilizados num projeto de software que estamos a desenvolver, é composto por:

ISO/IEC 2504 Divisão do modelo de avaliação da qualidade.

Esta norma fornece os requisitos e recomendações necessários para efetuar o processo de avaliação de produtos de software e consiste nas seguintes normas.

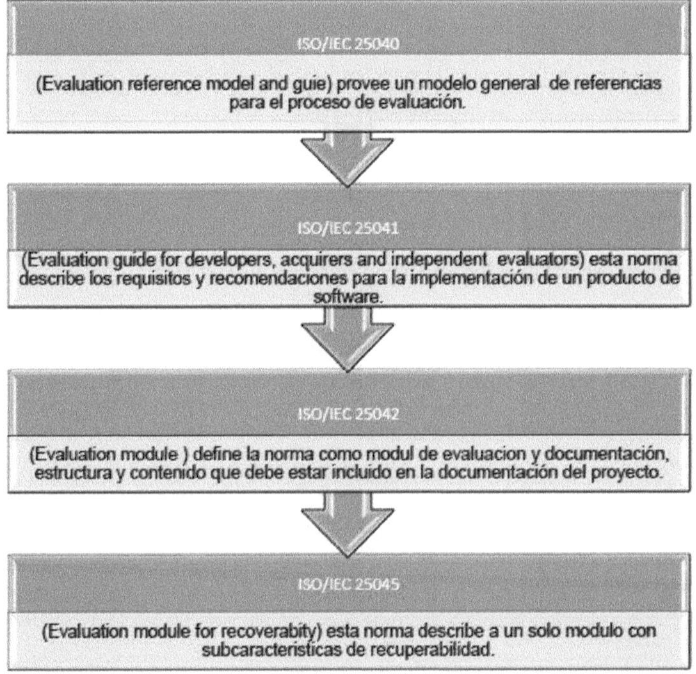

ISO/IEC 25040
(Modelo de referência e guia de avaliação) apresenta um modelo de referência geral para o processo de avaliação.
ISO/IEC 25041
(Guia de avaliação para criadores, adquirentes e avaliadores independentes) esta norma descreve os requisitos e recomendações para a implementação de um produto de software.
ISO/IEC 25042
(Módulo de avaliação) define a norma como módulo de avaliação e documentação, estrutura e conteúdo a incluir na documentação do projeto.
ISO/IEC 25045
(Módulo de avaliação da recuperabilidade) esta norma descreve um módulo único com subcaracterísticas de recuperabilidade.

Processos de realização da avaliação
A métrica ISO/IEC 25000 define o processo de avaliação em 5 processos, que são
os seguintes

Estabelecer o objetivo da avaliação
"Esta tarefa documenta o objetivo para o qual a organização pretende avaliar a
qualidade do seu produto de software (para garantir a qualidade do produto, para
decidir se aceita um produto, para determinar a viabilidade do projeto em
desenvolvimento, para comparar a qualidade do produto com produtos concorrentes,
etc.)." Fonte especificada não válida.
O objetivo da avaliação é documentar a finalidade para a qual a avaliação da
qualidade do software é necessária, a fim de determinar a (qualidade do produto) e
garantir o desenvolvimento do software.
Obter os requisitos de qualidade do produto.
"Esta tarefa identifica as partes interessadas no produto de software (criadores,
potenciais compradores, utilizadores, fornecedores, etc.) e especifica os requisitos
de qualidade do produto utilizando um determinado modelo de qualidade." Fonte
especificada não validada.
Para obter os requisitos de qualidade do produto, procedemos à identificação e
especificação dos requisitos de qualidade de acordo com as métricas que utilizamos,
geralmente estes requisitos são estabelecidos pelos utilizadores e programadores
responsáveis pelo software.
Identificar as partes do produto a avaliar
"As partes do produto de software incluídas na avaliação devem ser identificadas e
documentadas. O tipo de produto a avaliar (especificação de requisitos, diagramas
de conceção, documentação de teste, etc.) depende da fase do ciclo de vida em que

a avaliação é efectuada e do objetivo da avaliação." Fonte especificada não **válida....**

No processo de identificação do produto, é muito importante documentar as partes da avaliação e as correcções que são geradas no decurso do desenvolvimento do software, bem como os possíveis testes falhados que são gerados.

Definir o rigor da avaliação

"O rigor da avaliação deve ser definido em termos do objetivo e da utilização prevista do produto informático, por exemplo, com base em aspectos como o risco de segurança, o risco económico ou o risco ambiental. Dependendo do rigor, podem ser estabelecidas as técnicas a aplicar e os resultados que se esperam da avaliação. "Fonte especificada não **válida....**

No processo de definição do rigor da avaliação está a avaliação de possíveis riscos de segurança, económicos ou ambientais, com base nos quais são implementados os resultados esperados da avaliação.

Norma ISO para a qualidade de um produto de software

"Em 1991, a ISO (International Organization for Standardization) publicou o seu modelo de qualidade para a avaliação de produtos de software (ISO 9126:1991), que foi prolongado com revisões até 2004, dando origem à atual norma ISO/IEC 9126 "Software Engineering. Qualidade do produto". A norma ISO/IEC 9126 propõe um conjunto de caraterísticas, subcaracterísticas e atributos para decompor a qualidade de um produto de software. Propõe seis propriedades (funcionalidade, fiabilidade, facilidade de utilização, eficiência, facilidade de manutenção e portabilidade)" que se dividem em subcategorias, que serão detalhadas a seguir "**Fonte especificada inválida...**".

Criação da Norma de Qualidade ISO/IEC 25000

Esta norma nasceu das incoerências entre a ISO9126 e a ISO14598 em 2005.

Diferenças entre a ISO 9126 e a ISO 25000

Eis as principais diferenças entre estas duas métricas de qualidade.

ISO/IEC 9126	ISO/IEC 25000
4- Funcionalidade	4- Adequação funcional
4- Fiabilidade	4- Segurança
4- Usabilidade	4- Compatibilidade
4- Eficiência	4- Fiabilidade
4- Manutenção	4- Usabilidade
4- Portabilidade	4- Eficiência de desempenho
	4- Comercialização
	4- Portabilidade

A métrica ISO/IEC 25000 define o ciclo de vida da qualidade de um produto de software e está dividida em três fases:
4- A fase de desenvolvimento do produto define a qualidade interna.
4- A fase de teste do produto define a qualidade externa.
4- A fase de desenvolvimento do produto define a qualidade de utilização.

Estrutura das métricas internas.	Estrutura das métricas externas.
- Aplica-se a um produto de software não executável. - Aplicação durante as fases do seu desenvolvimento. - Permitem medir a qualidade dos resultados intermédios. - Permitem prever a qualidade do produto final. - Permitem ao utilizador iniciar acções corretivas no início do ciclo de desenvolvimento.	- Aplicam-se a um produto de software executável. - Permitem medir a qualidade do produto final.

Métricas de Funcionalidade.

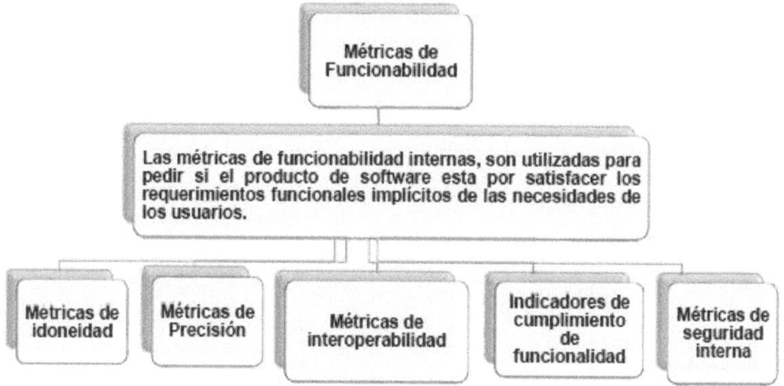

As métricas de funcionalidade interna são utilizadas para determinar se o produto de software está prestes a satisfazer os requisitos funcionais implícitos das necessidades dos utilizadores.
Métricas de adequação Métricas de exatidão Métricas de interoperabilidade
Indicadores de conformidade da funcionalidade
Métricas de segurança interna

Métricas de fiabilidade.

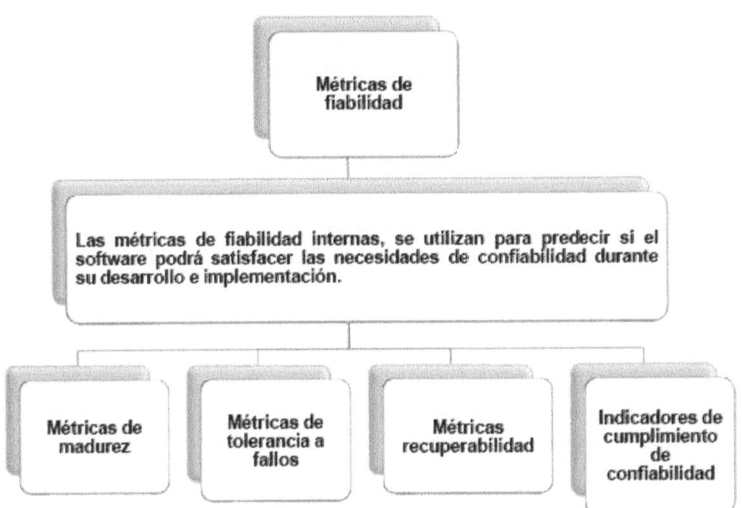

Métricas de fiabilidade
As métricas de fiabilidade interna são utilizadas para prever se o software será capaz de satisfazer as necessidades de fiabilidade durante o desenvolvimento e a implementação.
Métricas de maturidade
Métricas de tolerância a falhas
Métricas de recuperabilidade
Indicadores de conformidade de fiabilidade

Métricas de eficiência

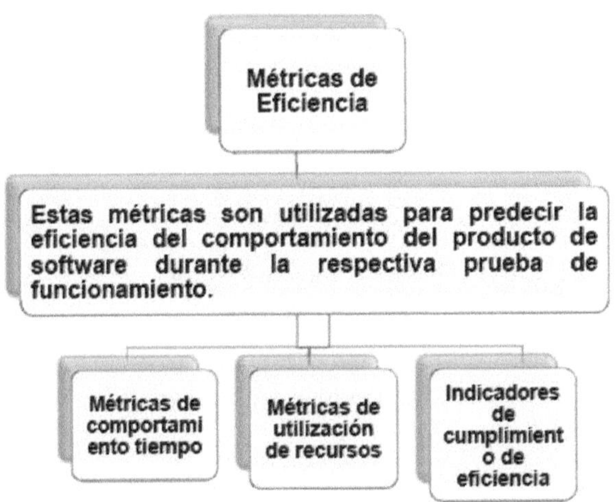

Métricas de eficiência
Estas métricas são utilizadas para prever a eficiência do comportamento do produto
de software durante a respectiva execução do teste.
Tempo de métricas comportamentais
Métricas de utilização de recursos
Indicadores de conformidade da eficiência

Alterações nas caraterísticas de manutenção entre a ISO 25000 e a ISO 25010
"Para a ISO 25010, as sub-caraterísticas que compõem a manutenção são:
analisabilidade, modificabilidade, testabilidade e reutilização. Há duas novas
subcaracterísticas: reutilização e modificabilidade.
A subcaracterística modificabilidade combina duas subcaracterísticas da ISO 9126:
mutabilidade e estabilidade. E a conformidade com a norma, que é uma
subcaracterística da ISO 9126, está agora fora do âmbito do modelo de qualidade na
ISO 25010 "Fonte especificada não válida".
A norma ISO 25010 é composta por duas subcaracterísticas: a caraterística de
modificabilidade que combina a norma ISO 9126 devido à conformidade com estas
normas e a subcaracterística ISO 9126 que está fora do âmbito do modelo de
qualidade da norma ISO/IEC 25010.
Vantagens Metrica ISO/IEC 25000
4- Representa a qualidade do software.
4- Declaração das necessidades ou expectativas em termos de qualidade externa e
qualidade interna.
4- Permite uma maior eficácia na definição do software.
4- Propõe a avaliação dos produtos intermédios.
4- Melhora a qualidade do produto.
Benefícios da ISO/IEC 25000 para a organização.

• "Alinha os objectivos do software com as necessidades reais que lhe são
exigidas." **Fonte especificada não válida.**
• "Evitar ineficiências e maximizar a rentabilidade e a qualidade do produto de
software. Por outro lado, a certificação do software aumenta a satisfação do cliente e
melhora a imagem da empresa." **Fonte especificada não válida.**
• "Cumprir os requisitos contratuais e demonstrar aos clientes que a qualidade do
software é fundamental." **Fonte especificada não é válida.**
• "O processo de avaliações periódicas ajuda a monitorizar continuamente o
desempenho e a melhoria." **Fonte especificada não válida.**
Análise analítica:
Uma das vantagens desta norma é o facto de se basear noutras que já foram
testadas e provaram ser eficientes na produção de um sistema para uma
organização. A aplicação de normas como a ISO/IEC 25000 é de importância vital,
uma vez que comprova a eficiência de muitas das caraterísticas que o software deve
cumprir para ser produtivo.

Vantagens da ISO/IEC 25000 para os clientes.

*   "Ao demonstrar o compromisso da organização com a qualidade do software."
Fonte especificada não é válida.
Análise analítica:
Para o cliente, encontrar um produto que cumpre todos os requisitos para os quais foi solicitado é motivo de grande satisfação, pelo que esta norma garante ao cliente que a organização assume a responsabilidade pelo trabalho a realizar, por mais pequeno que seja o projeto.

CONCEITOS IMPORTANTES

*   **ISO/IEC 2500 Metric:** Estabelece a qualidade do produto de software e é composta por caraterísticas de qualidade, que são compostas por sub-caraterísticas, estabelecendo assim as medidas de qualidade do produto de software.
*   **Métrica de eficiência:** esta métrica permite medir o comportamento e a funcionalidade do próprio sistema.
*   **Métrica de usabilidade:** Permite medir quando o software pode ser compreendido, aprendido, operado e atraído.
*   **Divisão de Requisitos de Qualidade:** estes requisitos ajudam a especificar a qualidade e podem ser utilizados nos requisitos de qualidade do produto de software que está a ser implementado.
*   **Seleção dos módulos de avaliação:** nesta tarefa, são selecionadas as métricas, técnicas e ferramentas de qualidade que permitem comparações fiáveis com os critérios de decisão.
*   **Divisão da gestão da qualidade:** na norma ISO/IEC 25000 está dividida nas seguintes métricas.
4- ISO/IEC 25010
5- ISO/IEC 25012

LEITURA COMPLEMENTAR

Guia de desenvolvimento de software **Metrica ISO/IEC 25000** disponível na página web: https://www.ecured.cu/ISO/IEC 25000
Desenvolver as seguintes questões:
1.   Qual é a vantagem de utilizar a métrica de avaliação?
2.   Com que objetivo foram implementadas as métricas de qualidade?
3.   Porque é que os indicadores de qualidade são importantes?
4.   Qual é a estrutura dos indicadores de qualidade ISO/IEC 25000?
5.   Em que ano é implementada a primeira métrica de qualidade?

Do artigo analisado (Clasificacion y evaluacion de metricas de Mantebilidad Aplicables a Productos de Software Libre) escrito por "Jose M. Ruiz, Cristhian D. Pacifico, Martin M. Perez" disponível no seguinte link.
http://sedici.unlp.edu.ar/bitstream/handle/10915/61928/Documento complete.pdf-PDFA.pdf?sequence=1
Desenvolver as seguintes questões:
1.   Qual é a função dos indicadores de qualidade?
2.   Quais são as vantagens da sua aplicação no desenvolvimento de software?
3.   Qual é a principal vantagem de utilizar as métricas ISO/IEC 25000?

Do artigo (La norma ISO/IEC 2500 y el proyecto KEMIS para automatizacion con software libre), escrito por "Jose Marcos, Alicia Arroyo, Javier Garzas, Mario Piattini", disponível no sítio Web.
http://www.redalyc.org/pdf/922/92218339013.pdf

Desenvolver as seguintes questões:

1. Especificar a norma ISO relativa à qualidade de um produto de software?
2. Quais são as métricas do produto e a sua medição com software de código aberto?
3. Definir a qualidade das métricas de qualidade?
4. Especificar os atributos de qualidade?
5. Especificar a métrica de qualidade 2503.

OFICINA N° 1

Escreva o processo de realização da avaliação.

Escreva a Estrutura que tem as Métricas Internas.

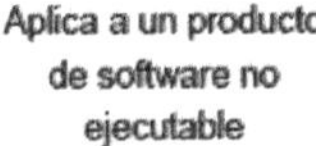

Permite al usuario iniciar
acciones correctivas
temprano en el ciclo del
desarrollo

Aplica a un producto
de software no
ejecutable

Permite predecir a
calidad del producto
final

Aplicación durante las
etapas de su desarrollo

Permiten medir la
calidad de los
entregables
intermedios

Permite que o utilizador inicie acções corretivas no início do ciclo.
desenvolvimento
Aplica-se a um produto de software não executável
Permite prever a qualidade do produto final
Aplicação durante as fases do seu desenvolvimento
Permitem medir a qualidade dos resultados intermédios.

Encontra na seguinte sopa de letras do tópico as palavras-chave tal como elas são:

- Segurança

- Fiabilidade
- Usabilidade
- Mantebilidade
- Compatibilidad
e

4	5	6	7	8	9	10	11	12	13	14	15	16	17	18	19	20	21	22	23	24
25	26	27	28	29	30	31	32	33	34	35	36	37	38	39	40	41	42	43	44	45
46	47	48	49	50	51	52	53	54	55	56	57	58	59	60	61	62	63	64	65	66
67	68	69	70	71	72	73	74	75	76	77	78	79	80	81	82	83	84	85	86	87
88	89	90	91	92	93	94	95	96	97	98	99	100	101	102	103	104	105	106	107	108
109	110	111	112	113	114	115	116	117	118	119	120	121	122	123	124	125	126	127	128	129
130	131	132	133	134	135	136	137	138	139	140	141	142	143	144	145	146	147	148	149	150
151	152	153	154	155	156	157	158	159	160	161	162	163	164	165	166	167	168	169	170	171
172	173	174	175	176	177	178	179	180	181	182	183	184	185	186	187	188	189	190	191	192
193	194	195	196	197	198	199	200	201	202	203	204	205	206	207	208	209	210	211	212	213
214	215	216	217	218	219	220	221	222	223	224	225	226	227	228	229	230	231	232	233	234
235	236	237	238	239	240	241	242	243	244	245	246	247	248	249	250	251	252	253	254	255
256	257	258	259	260	261	262	263	264	265	266	267	268	269	270	271	272	273	274	275	276
277	278	279	280	281	282	283	284	285	286	287	288	289	290	291	292	293	294	295	296	297
298	299	300	301	302	303	304	305	306	307	308	309	310	311	312	313	314	315	316	317	318
319	320	321	322	323	324	325	326	327	328	329	330	331	332	333	334	335	336	337	338	339
340	341	342	343	344	345	346	347	348	349	350	351	352	353	354	355	356	357	358	359	360
361	362	363	364	365	366	367	368	369	370	371	372	373	374	375	376	377	378	379	380	381
382	383	384	385	386	387	388	389	390	391	392	393	394	395	396	397	398	399	400	401	402
403	404	405	406	407	408	409	410	411	412	413	414	415	416	417	418	419	420	421	422	423
424	425	426	427	428	429	430	431	432	433	434	435	436	437	438	439	440	441	442	443	444

Introduzir as Prestações do métrico 25000.

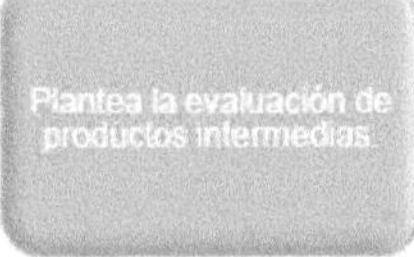

Representa a qualidade do software.
Necessidades ou expectativas em termos de qualidade externa e interna.
Permite uma maior eficácia na definição do software.
Melhora a qualidade do produto.
Propõe a avaliação dos produtos intermédios.

I AVALIAÇÃO

	FORMATO	SIMPLES
	CONTEXTO	
	ABORDAGEM	**A norma ISO/IEC 25000 é conhecida como:**
	OPÇÃO A	É conhecido como AQuaRe (Sistema e Requisitos e avaliação da qualidade do software).
	OPÇÃO B	É conhecida *como uma métrica de software* que está a ser transportado para a nuvem.
1	OPÇÃO C	É conhecida como a métrica que descreve a eficiência do produto.
	OPÇÃO D	É conhecida como a métrica QuaRe (Qualitu Requisitos)
	RESPOSTA CORRECTO	A
	NÍVEL	1

	FUNCIONAMENTO COGNITIVO	SIMPLES
2	FORMATO	SIMPLES
	CONTEXTO	
	ABORDAGEM	**A ISO/IEC 25000 é o resultado da implementação de quê?**
	OPÇÃO A	As normas acima referidas foram aplicadas sem especificar qualquer
	OPÇÃO B	Não implementado de todo
	OPÇÃO C	Apenas foram implementadas as normas ISO/IEC 9126 e ISO/IEC 9126. ISO/IEC 14598
	OPÇÃO D	Foram implementadas normas anteriores, nomeadamente a ISO/IEC 9126 e a ISO/IEC 14598.
	RESPOSTA CORRECTO	D
	NÍVEL	1
	FUNCIONAMENTO COGNITIVO	SIMPLES
3	FORMATO	SIMPLES
	CONTEXTO	
	ABORDAGEM	**Qual é a divisão do modelo de qualidade métrica ISO/IEC 25000?**
	OPÇÃO A	• ISO/IEC 25010 (Modelos de qualidade de sistemas e software) Esta norma descreve a qualidade de utilização de um determinado software. • ISO/IEC 25012.- (Modelo de qualidade dos dados). tem um modelo geral para a qualidade dos dados numa aplicação de sistema de informação.
	OPÇÃO B	• ISO/IEC 25013.- (Modelos de qualidade de sistemas e de software) Esta norma descreve a qualidade de utilização de um determinado software. • A norma ISO/IEC 25012 (Modelo de Qualidade dos Dados) apresenta um modelo geral para a qualidade dos dados numa aplicação de sistema de informação.
	OPÇÃO C	• ISO/IEC 25011.- (Modelos de qualidade de sistemas e de software) Esta norma descreve a qualidade de utilização de um determinado software. • A norma ISO/IEC 25015 (Modelo de Qualidade dos Dados) apresenta um modelo geral para a

		qualidade dos dados numa aplicação de sistema de informação.
	OPÇÃO D	• ISO/IEC 25015 (Modelos de qualidade de sistemas e software) Esta norma descreve a qualidade de utilização de um determinado software. • A norma ISO/IEC 25006 (Modelo de qualidade dos dados) apresenta um modelo geral para a qualidade dos dados na aplicação de um sistema de gestão da qualidade dos dados.
		informações.
	RESPOSTA CORRECTO	A
	NÍVEL	1
	FUNCIONAMENTO COGNITIVO	SIMPLES
4	FORMATO	SIMPLES
	CONTEXTO	
	ABORDAGEM	**A definição seguinte corresponde a** "(Modelos de qualidade de sistemas e de software) Esta norma descreve a qualidade de utilização de um determinado software.
	OPÇÃO A	ISO/IEC 25016
	OPÇÃO B	ISO/IEC 25012
	OPÇÃO C	ISO/IEC 25006
	OPÇÃO D	ISO/IEC 25010
	RESPOSTA CORRECTO	D
	NÍVEL	1
	FUNCIONAMENTO COGNITIVO	SIMPLES
5	FORMATO	SIMPLES
	CONTEXTO	
	ABORDAGEM	**Na norma ISO/IEC 2502, a divisão da medição da qualidade é composta por**
	OPÇÃO A	• ISO/IEC25020 . modelo de referência e guia) fornece orientações aos utilizadores para desenvolverem e aplicarem medidas propostas como normas ISO. • ISO/IEC 25021.- (Elementos de medição da qualidade) Esta métrica não recomenda um conjunto de métricas como base que possa ser utilizada ao longo do ciclo de vida do software. • A norma ISO/IEC 25023 (Measurement of

	system and software product quality) define especificamente as métricas a utilizar na avaliação da qualidade do software. • ISO/IEC 25024 (Medição da qualidade dos dados): define as métricas para a medição da qualidade dos dados.
OPÇÃO B	- ISO/IEC25020 . modelo de referência e guia) fornece um guia para os utilizadores desenvolverem e implementarem um
	aplicar medidas propostas como normas ISO. • ISO/IEC 25021.- (Elementos de medição da qualidade) Esta métrica não recomenda um conjunto de métricas como base que possa ser utilizada ao longo do ciclo de vida do software. • A norma ISO/IEC 25022 (Measurement of quality in use) define as métricas para a avaliação da qualidade do software. • A norma ISO/IEC 25023 (Measurement of system and software product quality) define especificamente as métricas a utilizar na avaliação da qualidade do software.
OPÇÃO C	• ISO/IEC25020 . modelo e guia de referência) fornece orientações aos utilizadores para desenvolverem e aplicarem medidas propostas como normas ISO. • ISO/IEC 25021.- (Elementos de medição da qualidade) Esta métrica não recomenda um conjunto de métricas como base que possa ser utilizada ao longo do ciclo de vida do software. • ISO/IEC 25022.- (Medição da qualidade
	em uso) define as métricas para a avaliação da qualidade do software • A norma ISO/IEC 25023 (Measurement of system and software product quality) define especificamente as métricas a utilizar na avaliação da qualidade do software. • ISO/IEC 25024 (Medição da qualidade dos dados): define as métricas para a medição da qualidade dos dados.
OPÇÃO D	• ISO/IEC25020 . modelo de referência e guia) fornece orientações aos utilizadores para desenvolverem e aplicarem medidas propostas como normas ISO. • A norma ISO/IEC 25023 (Measurement of system and software product quality) define

		especificamente as métricas a utilizar na avaliação da qualidade do software. • ISO/IEC 25024 (Medição da qualidade dos dados): define as métricas para a medição da qualidade dos dados.
	RESPOSTA CORRECTO	C
	NÍVEL	1
	FUNCIONAMENTO COGNITIVO	SIMPLES
6	FORMATO	SIMPLES
	CONTEXTO	
	ABORDAGEM	**A definição seguinte corresponde a** "Esta norma é responsável por especificar os requisitos de qualidade que podem ser utilizados num projeto de software que estamos a desenvolver".
	OPÇÃO A	Divisão para os requisitos de Qualidade (ISO/IEC 2503)
	OPÇÃO B	Divisão de Requisitos de Qualidade (ISO/IEC 2523)
	OPÇÃO C	Divisão do modelo de avaliação da qualidade (ISO/IEC 2504).
	OPÇÃO D	Divisão do modelo de avaliação da qualidade (ISO/IEC 2544).
	RESPOSTA CORRECTO	A
	NÍVEL	1
	FUNCIONAMENTO COGNITIVO	SIMPLES
7	FORMATO	SIMPLES
	CONTEXTO	
	ABORDAGEM	**A definição seguinte corresponde a** "Esta norma fornece os requisitos e recomendações necessários para efetuar o processo de avaliação de produtos de software".
	OPÇÃO A	Divisão para os requisitos de Qualidade (ISO/IEC 2503)
	OPÇÃO B	Divisão de Requisitos de Qualidade (ISO/IEC 2523)
	OPÇÃO C	Divisão do modelo de avaliação da qualidade (ISO/IEC 2504).
	OPÇÃO D	Divisão do modelo de avaliação da qualidade (ISO/IEC 2544).
	RESPOSTA	C

	CORRECTO	
	NÍVEL	1
	FUNCIONAMENTO COGNITIVO	SIMPLES
8	FORMATO	SIMPLES
	CONTEXTO	
	ABORDAGEM	**Na norma ISO/IEC 2504, a divisão do modelo de avaliação da qualidade é composta por**
	OPÇÃO A	• A norma ISO/IEC 25040 (Evaluation reference model and guideline) fornece um modelo de referência geral para o processo de avaliação. • A norma ISO/IEC 25041 (Evaluation guide for developers, acquirers and independent evaluators) descreve os requisitos e recomendações para a implementação de um produto de software. • A ISO/IEC 25043 (Módulo de avaliação) define a norma como módulo de avaliação e documentação, estrutura e conteúdo a incluir na documentação do projeto. • A norma ISO/IEC 25044 (Módulo de avaliação da recuperabilidade) descreve um módulo único com subcaracterísticas de recuperabilidade.
	OPÇÃO B	• A norma ISO/IEC 25041 (Evaluation guide for developers, acquirers and independent evaluators) descreve os requisitos e recomendações para a implementação de um produto de software. • A ISO/IEC 25042 (Módulo de avaliação) define a norma como módulo de avaliação e documentação, estrutura e conteúdo a incluir na documentação do projeto. • A norma ISO/IEC 25045 (Módulo de avaliação da recuperabilidade) descreve um módulo único com subcaracterísticas de recuperabilidade.
	OPÇÃO C	• A norma ISO/IEC 25040 (Evaluation reference model and guideline) fornece um modelo de referência geral para o processo de avaliação. • A norma ISO/IEC 25041 (Evaluation guide for developers, acquirers and independent evaluators) descreve os requisitos e recomendações para a implementação de um produto de software. • ISO/IEC 25042.- (Módulo de avaliação)
		define a norma como um módulo de avaliação e documentação, estrutura e conteúdo a incluir na documentação do projeto. - A norma ISO/IEC 25044 (Módulo de avaliação da

		recuperabilidade) descreve um módulo único com subcaracterísticas de recuperabilidade.
	OPÇÃO D	• A norma ISO/IEC 25040 (Evaluation reference model and guideline) fornece um modelo de referência geral para o processo de avaliação. • A norma ISO/IEC 25041 (Evaluation guide for developers, acquirers and independent evaluators) descreve os requisitos e recomendações para a implementação de um produto de software. • A norma ISO/IEC 25045 (Módulo de avaliação da recuperabilidade) descreve um módulo único com subcaracterísticas de recuperabilidade.
	RESPOSTA CORRECTO	C
	NÍVEL	1
	FUNCIONAMENTO COGNITIVO	SIMPLES
9	FORMATO	SIMPLES
	CONTEXTO	
	ABORDAGEM	**Qual é o processo a seguir no âmbito da norma ISO/IEC 25000 para efetuar a avaliação?**
	OPÇÃO A	1. Estabelecer os requisitos da avaliação 2. Conceber a avaliação 3. Especificar a avaliação 4. Executar a avaliação 5. Concluir a avaliação
	OPÇÃO B	1. Estabelecer os requisitos da avaliação 2. Especificar a avaliação 3. Conceber a avaliação 4. Executar a avaliação 5. Concluir a avaliação
	OPÇÃO C	1. Estabelecer os requisitos da avaliação 2. Especificar a avaliação 3. Conceber a avaliação 4. Executar a avaliação
	OPÇÃO D	1. Estabelecer os requisitos da avaliação 2. Conceber a avaliação 3. Especificar a avaliação 4. Executar a avaliação
	RESPOSTA CORRECTO	B
	NÍVEL	1
	FUNCIONAMENTO COGNITIVO	SIMPLES
10	FORMATO	SIMPLES

CONTEXTO	
ABORDAGEM	**Ao estabelecer o objetivo da avaliação a criar.**
OPÇÃO A	É criado um documento que contém o objetivo para o qual a organização pretende avaliar a qualidade do seu produto de software. (garantir a qualidade do produto, decidir se deve ou não aceitar um produto, determinar a viabilidade do projeto em desenvolvimento, comparar a qualidade do produto com produtos concorrentes, etc.).
OPÇÃO B	É criado um documento que contém o objetivo para o qual a organização pretende avaliar a fiabilidade do seu produto de software.
OPÇÃO C	É criado um documento que contém o objetivo para o qual a organização pretende avaliar a usabilidade do seu produto de software.
OPÇÃO D	É criado um documento que contém o objetivo para o qual a organização pretende avaliar a eficiência do seu produto de software.
RESPOSTA CORRECTO	A
NÍVEL	1
FUNCIONAMENTO COGNITIVO	SIMPLES

SOLUÇÃO (AVALIAÇÃO)

1. A) É conhecido como AQuaRe (System and Software Quality Requirements and Evaluation).

2. D) Foram implementadas normas anteriores a esta, nomeadamente a ISO/IEC 9126 e a ISO/IEC 14598.

3. A)

o ISO/IEC 25010 (Modelos de qualidade de sistemas e de software) Esta norma descreve a qualidade de utilização de um determinado software.

o A norma ISO/IEC 25012 (Modelo de Qualidade dos Dados) apresenta um modelo geral para a qualidade dos dados numa aplicação de sistema de informação.

4. (D) ISO/IEC 25006

5. C)

o ISO/IEC 25020 (Modelo e guia de referência para medições) fornece um guia para os utilizadores desenvolverem e aplicarem medições propostas como normas ISO.

o ISO/IEC 25021.- (Elementos de medição da qualidade) Esta métrica não recomenda um conjunto de métricas como base que possa ser utilizada ao longo do ciclo de vida do software.

o   A norma ISO/IEC 25022 (Measurement of quality in use) define as métricas para a avaliação da qualidade do software.

o   A norma ISO/IEC 25023 (Measurement of system and software product quality) define especificamente as métricas a utilizar para a avaliação da qualidade do software.

o   ISO/IEC 25024 (Medição da qualidade dos dados): define as métricas para a medição da qualidade dos dados.

6.   A) Divisão de Requisitos de Qualidade (ISO/IEC 2503)

7.   C) Divisão do modelo de avaliação da qualidade (ISO/IEC 2504)

8.   C)

o   A norma ISO/IEC 25040 (Evaluation reference model and guideline) fornece um modelo de referência geral para o processo de avaliação.

o   ISO/IEC 25041 (Evaluation guide for developers, acquirers and independent evaluators) descreve os requisitos e recomendações para a implementação de um produto de software.

o   ISO/IEC 25042 (Módulo de avaliação) define a norma como módulo de avaliação e documentação, estrutura e conteúdo a incluir na documentação do projeto.

o   A norma ISO/IEC 25044 (Módulo de avaliação da recuperabilidade) descreve um módulo único com subcaracterísticas de recuperabilidade.

9.   B)

a.   Estabelecer os requisitos da avaliação

b.   Especificar a avaliação

c.   Conceber a avaliação

d.   Executar a avaliação

e.   Concluir a avaliação

10. A) É criado um documento que contém o objetivo para o qual a organização pretende avaliar a qualidade do seu produto de software (para garantir a qualidade do produto, para decidir se aceita um produto, para determinar a viabilidade do projeto em desenvolvimento, para comparar a qualidade do produto com produtos concorrentes, etc.).

CAPÍTULO III

Metrica 14598.

Competências
Identificar as caraterísticas básicas da Métrica 14598 dentro do que está envolvido na Engenharia de Software. Reconhecer os parâmetros oferecidos pelas métricas como guia para um excelente projeto de software.
Utilização de métricas em projectos de Engenharia de Software.
Depois de ler esta unidade, os **resultados de aprendizagem**: Identificar as caraterísticas das métricas 14598 que são utilizadas em diferentes projectos de software.
Identificar os processos envolvidos e os benefícios da aplicação de métricas. **Conteúdo**
1.1 Investigação sobre questões métricas 14598.
1.2 Caraterísticas do Metrica 14598

Introdução
Atualmente muitos programadores de software viram a necessidade de controlar e avaliar o ciclo de vida do desenvolvimento de software, perante esta necessidade foram implementadas métricas no processo de desenvolvimento de um software, as métricas são uma parte fundamental pois fornecem-nos determinados parâmetros ou caraterísticas que nos ajudam a avaliar a qualidade e eficiência de um software.
Atualmente, existem muitas métricas que comparam processos ou produtos de software para avaliar a qualidade, a eficiência e o design de um produto. As métricas podem ser separadas de acordo com a dimensão do software, a eficiência e a qualidade. De seguida, descreveremos as funcionalidades e os benefícios da métrica 14598 no domínio da avaliação de produtos de software.
3 Metrica 14598
A norma 14598, da família de normas ISO/CE 9126, surgiu em resposta à necessidade de definir um conjunto de caraterísticas que tivessem em conta o objetivo e a utilização do software e que permitissem estabelecer um modelo válido para a sua avaliação posterior.

Atualmente, a família é constituída por uma norma que contém duas partes:

3.1 Parte 1

Três relatórios técnicos:
Estes relatórios devem ser para cada processo a ser avaliado, para cada solução possível para os possíveis problemas que surgiram ou foram obtidos a partir da avaliação aplicada no desenvolvimento do sistema.

3.2 Parte 2

O que dá a ideia de novidade:
Esta parte trata da ideia que nos ajudará a resolver o problema colocado pela pessoa que nos encarrega de fazer um sistema, esta ideia reflecte-se em quase todo o processo, é por isso que este processo deve ser avaliado, para ver se a ideia de solução não foi distorcida, se não deixámos o estabelecido nos requisitos ou se a pessoa responsável não se sente confortável com o que lhe ensinamos, é por isso que esta métrica deve ser aplicada.

A importância deste tema:
Como já salientámos acima, a importância deste tópico é descobrir se existe alguma possível falha na ideia principal do sistema ou se **existe uma** falta **de** refinamento do sistema.

Esta parte explica que a métrica 14598, pertence a uma família da ISO/IEC, por isso foi bem analisada e explicada a sua finalidade, uma vez que pertence a algo e não é um todo rústico se não for bem definida esta métrica serve-nos na altura de avaliar um software, com todos os parâmetros de qualidade e dependendo do software que está a ser avaliado e da área para onde se dirige, cumprindo todas as normas de homologação do sistema.

Descrição do conteúdo das partes que constituem a família de normas ISO/EC 9126 na qual a norma 14598 está imersa.

Parte (1): A única com carácter normativo até agora, descreve um modelo de qualidade para o produto de software, dividido em dois grandes blocos:

A norma ou métrica 14598 é composta pelas seguintes partes e tem como título geral Tecnologias da informação - Avaliação de produtos de software:

Parte 1: Revisão geral (ISO/IEC 14598-1)

Parte 2: Planeamento e administração (ISO/IEC 14598-2)

Parte 3: Processo para programadores (ISO/IEC 14598-3)

Parte 4: Processo para adquirentes (ISO/IEC 14598-4)

Parte 5: Processo para Avaliadores (ISO/IEC 14598-5)

Parte 6: Documentação dos módulos de avaliação (ISO/IEC 14598-6)

3.3 Revisão geral (14598-1).

Os processos de avaliação não só estão envolvidos na avaliação da qualidade do produto de software, como também aumentam a eficiência dos custos e do tempo, a possibilidade em termos de recursos humanos e monetários, a confiança e a satisfação do cliente.

Qualquer processo de avaliação da qualidade do software deve começar por uma avaliação qualitativa, ou seja, deve incluir os atributos e as qualidades do software e determinar se estes cumprem ou não os requisitos e as normas ideais a fornecer a um utilizador.

Esta métrica 14598 estabelece 3 processos no âmbito da avaliação da qualidade do software e são eles:

* Processo de desenvolvimento.
* Processo de aquisição
* Processo de avaliação

3.3.1 Processo dos criadores

As normas ISO 14598 são geralmente utilizadas por organizações envolvidas no desenvolvimento de produtos de software ou na melhoria de um produto já desenvolvido. Este processo de avaliação é efectuado utilizando todos os processos técnicos estabelecidos. Centra-se nos indicadores que podem prever a qualidade do produto final. Este processo é efectuado através da medição dos indicadores das fases ou processos intermédios do ciclo de vida do software.

Fornece um guia para clarificar os requisitos de qualidade para efetuar a implementação e análise das medidas de qualidade do software.

É aplicável em todas as fases do ciclo de vida do desenvolvimento. A norma propriamente dita centra-se na seleção e comunicação de alguns indicadores de avaliação, a fim de prever a qualidade do produto final através da medição da qualidade dos produtos intermédios.

3.3.2 Processo de adjudicação

A norma 14598 envolve também o processo de aquisição e deve ser utilizada por organizações ou empresas que estejam envolvidas no desenvolvimento de software ou na melhoria de software existente.

Pode ser aplicado para tomar uma decisão sobre a aceitação ou satisfação do utilizador relativamente a um produto acabado, a fim de prosseguir com um processo de seleção do melhor produto entre vários existentes.

A norma ISO/IEC 14598 classifica os produtos de software em três grupos:

* Produtos de software comerciais
* Produtos de software existentes desenvolvidos ou adquiridos por outras organizações.
* Produtos de software personalizados (software por medida) ou produtos de software existentes modificados.

3.3.3 Processo de avaliação

A norma 14598 deve ser utilizada pelos avaliadores que efectuam uma apreciação ou avaliação independente de um produto de software. Este processo de apreciação ou avaliação pode, em alguns casos, ser efectuado a pedido ou sugestão de um criador, adquirente ou outros.

O processo de avaliação de acordo com a norma 14598 consiste em quatro fases:

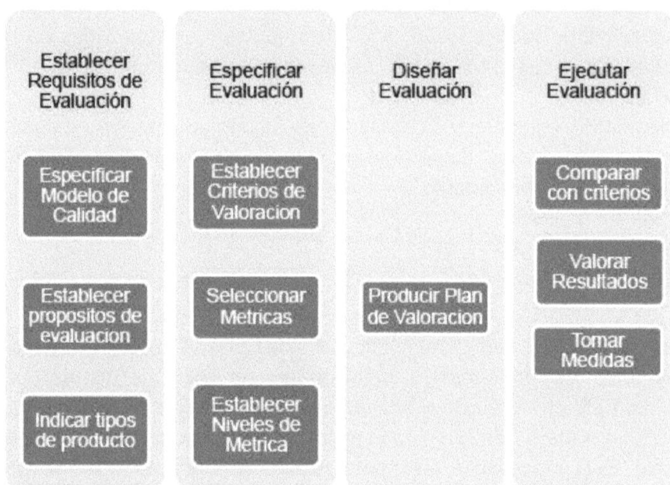

A norma pode ser utilizada para:

Avaliar os produtos existentes

Avaliar produtos em desenvolvimento (neste caso, o processo de avaliação deve ser sincronizado com o processo de desenvolvimento).

3.4 Caraterísticas do processo de avaliação ISO/IEC 14598

As caraterísticas relativas ao processo de avaliação são as seguintes

*   Repetível
*   Reprodutível
*   Imparcial
*   Objetivo

3.4.1 Repetível

A avaliação do mesmo produto de software com a mesma especificação de avaliação e realizada por um auto-avaliador diferente deve produzir resultados que possam ser aceites como idênticos.

3.4.2 Reprodutível

A avaliação do mesmo produto de software com a mesma especificação de avaliação e realizada por um avaliador diferente deve resultar num resultado deste processo que possa ser aceite como idêntico.

3.4.3 Imparcialidade

A respectiva avaliação não deve centrar-se apenas num resultado específico, mas pode também ser feita em torno de diferentes resultados, de modo a obter melhorias na qualidade do desenvolvimento do produto de software.

3.4.4 Objetivo

Os resultados apresentados no processo de avaliação devem ser verdadeiros e verificados para evitar inconvenientes, citando um exemplo que não seja influenciado pelos sentimentos ou opiniões do avaliador, mas que trabalhe de forma ética e moral.

3.5 Processo de avaliação ISO/IEC 14598

O processo de avaliação de acordo com a norma ISO/IEC 14598 compreende cinco subprocessos.
- Estabelecimento de requisitos de avaliação.
- Especificação da avaliação
- Conceção da avaliação
- Execução da avaliação
- Conclusão da avaliação

3.6 Estabelecimento de requisitos

O objetivo é descrever a meta e os objectivos da avaliação. Esses objectivos estão relacionados com a utilização do produto de software, tendo igualmente em conta um ou mais pontos de vista do utilizador ou do cliente e os riscos que lhe podem estar associados, ou seja, os requisitos de avaliação podem, na verdade, incidir em níveis de avaliação para as mesmas caraterísticas ou requisitos selecionados.

3.7 Processo de avaliação de produtos de software ISO/IEC 14598

Entradas	Fase de Avaliação	Tarefas-chave	Saídas
Descrição do produto, modulosdel produto	Estabelecer requisitos do avaliação	Estabelecimento de requisitos de avaliação	Requisitos da avaliação: descrever os objectivos da avaliação, em especial os requisitos de qualidade do produto.
Requisitos de avaliação, descrição do produto, especificações de avaliação pré-definidas	Especificação da avaliação	Especificação da avaliação com base nos requisitos de avaliação e na descrição do produto de software fornecido pelo requerente	A especificação da avaliação define toda a análise e medidasa sobre o produto e os seus componentes

Especificação da avaliação, descrição do produto, métodos de avaliação	Conceção do avaliação	A conceção da avaliação produz um plano para avaliação com base na especificação de avaliação, esta atividade tem em consideração todos os os componentes do produto dos software a avaliar	O plano de avaliação incide sobre os procedimentos operacionais envolvidos no processo de avaliação. especificação da avaliação; descrevem, nomeadamente, todos os métodos e instrumentos a utilizar na avaliação
Plano avaliação, instrumentos de avaliação, componentes do produto	Execução da avaliação	Aplicação da avaliação consiste em inspeção, modelização. Medição e ensaio do produto e dos seus componentes de acordo com o plano de avaliação, estes	Os registos da avaliação baseiam-se no plano de avaliação, mantendo um registo das pormenores de acções tomadas pela
		actividades podem ser realizadas utilizando ferramentas de software, o as acções levadas a cabo pelo avaliador são registadas e os resultados são obtido de posições no projeto de relatório de avaliação	avaliador, em quanto executa o plano de avaliação; estes ficheiros são guardados ou armazenados pelo avaliador. O projeto apresentado na presente secção do relatório de avaliação realizado pelo o é um documento produzido como resultado da síntese dos resultados da avaliação.
Projeto de plano de avaliação,	Conclusão do avaliação	Conclusão do avaliação que	O relatório de avaliação incluirá

componentes do		consiste no	
produto		entrega do relatório da avaliação do produto de software por parte do avaliador como^ bem como os seus componentes quando tiverem foi avaliadas independentemente	requisitos do avaliação, o especificação das medidas e análise realizadoe qualquer outro informação necessário para ser capaz de repetir ou reproduzir o avaliação

3.8 Documentação dos módulos de avaliação ISO/IEC 14598

Esta secção da norma ISO/CEI 14598 define a estrutura e o âmbito da documentação de um módulo de avaliação, ou seja, neste caso, trata-se de um formato para a documentação de um módulo que deve efetuar uma avaliação.

Os módulos de avaliação são utilizados no contexto das normas ISO/IEC 9126 e ISO/IEC 14598.

3.8.1 Módulo de avaliação ISO/IEC 14598

Trata-se de um pacote tecnológico de avaliação para estabelecer medições das caraterísticas, subcaracterísticas ou atributos da qualidade do software.

Este pacote contém:

- Métodos e técnicas de avaliação
- Contributos para a avaliação
- Recolha de dados a medir
- Procedimentos e ferramentas de apoio.

3.8.2 Diretrizes de avaliação ISO/IEC 14598

Este processo descreve em pormenor o procedimento a seguir. Deve também incluir a seleção das provas obtidas pelo grupo de avaliadores, citando um exemplo do código de teste, a geração e o registo dos dados em bruto, as regras, os algoritmos computacionais para a métrica dos dados em bruto, o registo dos resultados e os requisitos para a retenção do trabalho e a documentação final.

3.9 Mapeamento de medições ISO/IEC 14598

Este item define o significado das medições, ou seja, a interpretação dos resultados das medições obtidas. Inclui também o que corresponde a uma escala de avaliação em que os valores obtidos são mapeados por métricas definidas. Se várias medidas são obtidas para uma única caraterística, subcaracterística ou atributo, então deve ser definido como estas podem ser combinadas em pontuações para caraterísticas, subcaracterísticas ou atributos dentro do produto de software a ser avaliado.

3.10 Formato da documentação ISO/IEC 14598

3.10.1 Prefácio e introdução
3.10.1.1 Prefácio

Fornecerá informações sobre:
* Preparação, aprovação, contribuições e alterações.
* Relação com outras normas ou outros documentos.

3.10.1.2 Introdução

Trata-se de um preâmbulo ou início das técnicas prioritárias no âmbito dos módulos de avaliação.

3.10.2 Âmbito de aplicação

3.10.2.1 Caraterísticas
Identifica as caraterísticas, subcaracterísticas ou atributos de um módulo de avaliação a avaliar. Para efeitos da presente cláusula, será utilizado o modelo de qualidade da norma ISO/CEI 9126-1.

3.10.2.2 Nível de avaliação

Esta secção deve descrever e especificar o nível de avaliação a aferir num módulo de avaliação.

3.10.2.3 Técnicas

Descreve as técnicas de avaliação aplicadas a um módulo de avaliação. Cita como exemplos os modelos de crescimento em termos de fiabilidade, de aferição, de análise estatística do código.

3.10.2.4 Aplicabilidade

Identifica o âmbito da avaliação do módulo de avaliação no âmbito do que é um produto de software, citando um exemplo em que o módulo de avaliação pode ser efectuado numa determinada linguagem de programação.

3.10.3 Referências

Esta secção tem como parte fundamental fornecer referências a normas e documentos técnicos. Se o módulo de avaliação do software depender de outros módulos, isso deve ser indicado aqui.

3.10.4 Termos e definições

Nesta secção, deve apresentar os termos e condições que correspondem aos termos e condições estabelecidos num módulo que está a avaliar.

3.11 Relação entre as normas ISO/IEC 14598 e ISO /IEC 9126

Estas duas métricas estabeleceram várias normas nas quais partilham critérios e caraterísticas, partindo da perspetiva de que o processo de avaliação se baseia num modelo de qualidade selecionado, a norma ISO/IEC 14598, que significa processo de avaliação, utiliza o modelo de qualidade definido na norma ISO/IEC 9126 (modelo de qualidade) e para efetuar a avaliação das caraterísticas, subcaracterísticas e atributos que são dados a um processo de seleção de métricas determinado na segunda e terceira partes da métrica ISO/IEC 9126.

Partilham um processo de relacionamento também em termos de recursos e ambiente que determina o processo de avaliação do produto, este processo de avaliação quer para os criadores,

O processo é verificado no modelo de qualidade 9126-1 e a avaliação é efectuada com base nas métricas internas e externas definidas nas normas ISO/IEC 9126-2 e ISO/IEC 9126-3, respetivamente. Em conclusão, o processo de avaliação pode ser realizado em produtos atualmente em uso, de modo a basear-se no modelo de qualidade selecionado e a ser utilizado para a avaliação das métricas de qualidade numa aplicação ISO 9126/4.

3.12 Qualidade interna e externa: descreve seis caraterísticas

3.12.1 Funcionalidade

Este item refere-se ao grau em que o software satisfaz as necessidades indicadas pela seguinte lista de atributos:

- **Adequação:**

Adequação é a qualidade de ser adequado. Como tal, refere-se à aptidão, vontade ou capacidade que algo ou alguém tem para um determinado fim.

- **Correção:**

Modificação de uma coisa ou pessoa para corrigir as suas falhas, erros, defeitos ou imperfeições.

- **Conformidade:**

Consentimento ou autorização escrita ou verbal.

- **Segurança:**

Ausência de perigo ou risco.

- **Fiabilidade:**

Probabilidade positiva de um sistema ou aparelho desempenhar uma determinada função, em determinadas condições, durante um determinado período de tempo.

- **Usabilidade:**

Qualidade do programa, que é simples de utilizar e fácil de compreender.

*   **Eficiência:**

Capacidade para desempenhar ou desempenhar adequadamente uma função.

*   **Capacidade de manutenção:**

É a propriedade de um sistema que representa a quantidade de esforço, a fim de preservar a sua função normal ou de a substituir.

*   **Portabilidade:**

Propriedade que lhe permite funcionar em diferentes plataformas e sistemas operativos.

Todas estas sub-caraterísticas que se manifestam externamente durante a utilização do software como parte de um sistema. São o resultado dos atributos internos do software.

Como podemos ver, as caraterísticas de avaliação são 6, que tem uma qualidade muito bem definida, uma vez que consiste em fiabilidade; esta parte diz-nos que o produto será preciso, que não terá quaisquer falhas, que será fiável, e também fiabilidade, que nos diz que o nosso produto ou software será fiável em todas as suas partes ou módulos.

Entendido como o efeito combinado percebido pelo utilizador das seis caraterísticas acima referidas. Nesta ocasião, o modelo não é desenvolvido ao nível das sub-caraterísticas.

A título de exemplo e para tornar as ideias um pouco mais concretas, citaremos que a **fonte especificada não é válida.**

A "eficiência", que corresponde ao modelo de qualidade interna e externa, divide-se em subcaracterísticas:

-   Comportamento temporal

-   Utilização dos recursos

-   Conformidade

Análise crítica

As três caraterísticas acima mencionadas dizem-nos que o sistema ou produto será optimizado em todos os seus aspectos, de modo a conseguir, na avaliação dos sistemas estabelecida pela métrica, uma conformidade total do sistema por parte do utilizador.

3.12.2 Utilização

O modelo de qualidade é utilizado para avaliar a qualidade do produto, tanto do software como do software completo (software + hardware em que está instalado). Especificamente, deve servir de quadro de referência para estabelecer os objectivos que se pretendem atingir, tanto nos produtos finais como nos intermédios. **A fonte especificada não é válida.**

A utilização é já o processo final do software, pelo que se estabelece avaliar absolutamente tudo, avaliar todos os objectivos que foram alcançados no processo de vida do software.

3.13 Avaliação ISO/IEC 14598

A família de normas ISO/IEC 9126 (qualidade de produtos de software) foi desenvolvida em simultâneo com a família ISO/IEC 14598 (avaliação de produtos de software). De facto, ambas as famílias são o resultado da extensão da primeira versão da norma ISO/IEC 9126:1991.**source specified not valid.**

De acordo com a norma ISO 14598, esta determina a forma de avaliar um produto e fornece requisitos para a avaliação do seu software.

3.14   Caraterísticas da métrica 14598

- 1.- Recurso - Apoio à avaliação
- 2.- Processo - Apoio à avaliação
- 3.- Produto - Métricas internas - Métricas externas.
- 4.- Efeito - Métricas em uso.

A norma ISO/IEC 14598 inclui as seguintes etapas editoriais para a sua exposição documental:

Síntese (ISO/IEC): é a parte que resume as cinco secções seguintes e descreve a análise do produto de edição multimédia e do modelo de referência da qualidade.

Os seguintes tópicos são abordados nesta secção:

1   Os requisitos de exame são definidos.

2   O documento descreve pormenorizadamente o exame.

3   O plano de avaliação é executado

Este quadro fornece uma visão geral das outras 5 partes e relaciona a avaliação do produto de software com o modelo de qualidade definido na norma ISO 9126.

3.15 Planeamento e gestão ISO/IEC 14598

Os seguintes eventos são planeados e geridos aqui:

1   Ponto de vista do qual partirão.

2   Objectivos.

3   Selecionar a tecnologia a utilizar.

4   Dividir o trabalho a efetuar.

5   Examinar o software do produto.

Esta parte contém o planeamento e a gestão, os requisitos e as orientações para as funções de apoio, tais como a abordagem e a gestão da avaliação do produto de software.

3.16   Processo de desenvolvimento ISO/IEC 14598

Nesta fase, os programadores seguem o seguinte processo: realização, abordagem, requisitos do software a realizar, o produto é concebido e realizado. **A fonte especificada não é válida.**

Esta parte fornece os requisitos e recomendações para a evolução do produto de software quando a avaliação é efectuada em paralelo com o desenvolvimento e é realizada pelo programador.

3.17   Processo de Comparadores ISO/IEC 14598

Esta etapa corresponde aos clientes que encomendam o produto e que seguem o seguinte processo: requisitos, definição da avaliação, conceção da avaliação para a sua posterior execução.

Esta secção trata do processo para os compradores que fornece requisitos e recomendações para a avaliação de um produto de software comercial personalizado ou da modificação de um produto existente, realizada para garantir aos compradores que este cumpre os requisitos esperados.

3.18 Processo de Avaliação ISO/IEC 14598

Nesta etapa, a qualidade do produto, os requisitos e as linhas gerais para o teste de software do produto de edição multimédia são avaliados de acordo com o seguinte processo: rastreabilidade, resultados, problemas, melhorias e conclusões.

Refere-se ao processo em que os avaliadores são orientados ou recomendados para a aplicação prática da avaliação de produtos de software, à medida que as várias partes procuram compreender, aceitar e confiar nos resultados da avaliação.

3.19 Módulo de avaliação ISO/IEC 14598

A última etapa consiste em efetuar o exame medindo o processo criado na etapa anterior e documentando-o seguindo a estrutura dos pontos anteriores com este esquema:

1 Introdução:

no qual é apresentado um esboço do processo de avaliação a efetuar.

2 Âmbito de aplicação:

Especificar o impacto das aplicações a examinar no software no que respeita ao suporte.

3 Taxas de entrada:

Os testes a efetuar são enumerados aqui.

4 Resultados:

Esta secção apresentará as conclusões alcançadas após o exame. **Fonte especificada não válida.**

Esta secção trata da documentação dos módulos de avaliação, fornece orientações para a documentação da avaliação, estes módulos representam a especificação do modelo de qualidade das correspondentes métricas internas e externas a aplicar a uma determinada avaliação, inclui métodos e técnicas de avaliação e as medições reais resultantes da sua aplicação.

Além das suas diferentes etapas, é estabelecido um quadro para avaliar a qualidade dos produtos de software fornecidos, além das métricas que devemos saber se mantivemos uma ordem no momento do desenvolvimento, e se em cada etapa do desenvolvimento foi mantida ou foi cumprida satisfatoriamente, esta etapa e acima de tudo para saber se o utilizador realmente sabe o que quer e se foi possível terminar com cada aspeto que o utilizador nos pediu.

A métrica tem determinados passos a seguir, tais como:

Em primeiro lugar, como em todo o desenvolvimento de software, devemos estabelecer os requisitos de avaliação onde devemos identificar o objetivo da avaliação, com que finalidade avaliamos cada aspeto que temos vindo a avaliar, depois identificamos o tipo de produto que vamos avaliar, para especificar o modelo de qualidade a utilizar, também como já destacámos acima devemos selecionar a métrica mais adequada para este processo de avaliação neste caso a métrica 14598, estabelecendo as caraterísticas da mesma, para conseguir uma compreensão clara dos critérios da avaliação, depois, tendo tudo isso estabelecido, devemos conceber a avaliação adequada para o que vamos avaliar, quer se trate de um processo ou de alguns módulos, de modo a que, quando tivermos terminado ou concluído o inquérito, tenhamos de tomar as decisões corretas para mudar para melhor o que temos de mudar, partilhando critérios, entre as pessoas que realizam o trabalho de avaliação, para que não nos esqueçamos de nenhuma possível falha, e que depois disso devemos avaliar os resultados, porque nos próximos trabalhos teremos um guia das possíveis falhas que temos no momento de avaliar algum software semelhante ou como guia para avaliar outro tipo de software.

Além disso, devemos destacar as pessoas que compõem a norma ou que são responsáveis pela execução da norma no momento da aplicação da métrica, os responsáveis são

- Programadores
- Adquirentes
- Avaliadores

Os adquirentes são o utilizador ou o cliente, uma vez que têm a necessidade ou o problema que pretendem otimizar, depois segue-se o programador, que executa esses requisitos e estes são avaliados, redundantemente, pelos avaliadores.

As actividades que um programador realiza são as seguintes, em primeiro lugar, levanta os requisitos que são solicitados, estes são enviados ou estabelecidos pelo cliente, depois define a avaliação e orienta a pessoa que está a avaliar nas melhorias dos erros, gerindo o resultado final. Deste trabalho obtém-se a gestão ordenada, uma vez que tudo é detalhado adequadamente, a prevenção de possíveis modificações futuras, ou referimo-nos a quando o software já está terminado e o cliente não está satisfeito com alguma parte do mesmo e pede-nos algum tipo de alterações, levando a reanalisar tudo cuidadosamente, também se dá o tratamento da confidencialidade para que só os que desenvolvem conheçam o sistema e a pessoa que o sugeriu e finalmente deve-se ter em conta o lugar em que o software vai funcionar, já que não vai servir para nada do mundo ao mesmo lugar em que é desenvolvido, razão pela qual geralmente as pessoas não contam com um sistema adequado no que diz respeito a computadores.

Normas ISO/IEC 14598

Nas suas diferentes fases, estabelece um quadro para a avaliação da qualidade dos produtos de software e fornece métricas e requisitos para o processo de avaliação. Seja por partes, módulos ou todo o sistema.

Em particular, é utilizado para aplicar os conceitos descritos na norma ISO/IEC 9126, definindo e descrevendo as actividades necessárias para analisar os requisitos de avaliação, especificar, conceber e realizar acções de avaliação e concluir a avaliação de qualquer tipo de produto de software.

3.20 Caraterísticas Norma ISO/IEC 14598

A norma define as principais caraterísticas do processo de avaliação:
1   Repetibilidade
2   Reprodutibilidade.
3   Imparcial
4   Objetividade
Para estas caraterísticas, são descritas as medidas concretas envolvidas

1   Análise das necessidades de avaliação:
nesta parte do sistema, todos os pedidos ou solicitações são retirados da pessoa que solicita a otimização de um problema ou de uma necessidade, como um cliente ou utilizador, que é quem gera todo o processo de desenvolvimento de software.

2   Avaliação das especificações:
nesta parte são avaliados cada um dos aspectos, para que não haja nenhuma irregularidade e não existam as mudanças no último momento, venha a haver algum desagrado por parte da pessoa que nos encargo de resolver o problema, também é recomendável realizar cada uma destas actividades e informar ao utilizador ou cliente dos avanços que vão dando d^a a dia, para assim evitar qualquer tipo de contratempos que possam ser apresentados na hora de entregar o produto, evitando o desagrado do cliente e o trabalho duplo das pessoas que estão encarregadas da criação do software.

3   Avaliação da conceção e definição do plano de avaliação:
Nesta parte trata-se de como vamos avaliar algum processo ou módulo em geral, que vamos utilizar para esse software, para essa ferramenta que é a adequada, e que se o processo a avaliar vai fazer a coisa correta no momento de ser avaliado, isto é procurado que cada coisa ou passo que é dado, É por isso que se estabelecem as normas, neste caso a métrica 14598, que é uma das famílias da métrica 9126, que são as mais adequadas e as que estamos a estudar para a avaliação de um sistema.

4   Execução do plano de avaliação:
Nesta parte, quando já tivermos estabelecido as regras ou as métricas de avaliação, procedemos à sua execução, tendo em conta os resultados da parte que estamos a avaliar, pois é óbvio que queremos observar e analisar se o que estamos a desenvolver está correto, por isso é muito importante comparar os resultados com os requisitos da pessoa que nos encomendou o sistema, e se for possível, devemos fazer um relatório e mostrá-lo a essa pessoa para que ela também possa observar e ter a certeza do que vai receber como produto final, porque se ocorrerem falhas na avaliação e for mostrado à pessoa que encomendou o sistema, é óbvio que serão geradas alterações, mas apenas na parte em que estamos a avaliar, mas não quando tivermos terminado todo o trabalho.

Para que possamos realçar os aspectos positivos, qual é o interesse de analisar o que fazemos e quais os benefícios que obtemos da avaliação que efectuamos e a quem beneficiamos com a avaliação que aplicamos.

5   Avaliação da conclusão:
Neste aspeto, como mencionado anteriormente, a avaliação das conclusões é mais a correção dos erros encontrados no processo que estamos a realizar no momento de avaliar esta parte do sistema, esta conclusão para tornar os resultados obtidos mais precisos é aconselhável partilhá-la com a pessoa que nos encomendou a

realização do sistema, como já mencionámos.

Deste modo, evitam-se numerosos medicamentos no final do sistema, o que torna a sua aplicação uma tarefa fastidiosa.

modificações. **A fonte especificada não é válida.**

3.21 Serviços Norma ISO/IEC 14598

Os serviços relacionados com a avaliação de produtos de software são geralmente adaptados às medições de utilizadores finais ou fornecedores individuais, dependendo da razão pela qual a avaliação foi solicitada.

Os serviços de avaliação de software incluem:

1 Definição de perfis de qualidade de referência de software.

2 Avaliação de acordo com modelos de qualidade predefinidos.

3 Certificação da qualidade do software de acordo com modelos e normas de qualidade.

4 Comparações entre produtos.

5 Reengenharia de software.

6 Serviços de controlo da qualidade dos produtos. **Fonte especificada não válida.**

1. **ESTABELECER REQUISITOS PARA A AVALIAÇÃO**
2. **Estabelecer objectivos de avaliação**
3. **Identificar os tipos de produtos**
4. **Especificar o modelo de qualidade**
5. **ESPECIFICAR A AVALIAÇÃO**
6. **Selecionar as métricas**
7. **Definir níveis para métricas**
8. **Estabelecer critérios de avaliação**
9. **CONCEPÇÃO DA AVALIAÇÃO**
10. **Elaborar um plano de avaliação**
11. **PARA EFECTUAR A AVALIAÇÃO**

12. **Tomar medidas**
13. **Comparar com os critérios**
14. **Avaliação dos resultados**

O modelo de qualidade é uma série de formulários que permitem gerir toda a informação relativa ao modelo de qualidade a utilizar na evolução. No primeiro, um modelo de qualidade é criado definindo o seu nome, uma descrição e as caraterísticas de qualidade que o compõem.

O segundo formulário permite a criação de caraterísticas de qualidade que são incluídas no modelo. Define o nome, o tipo de caraterística a que pertence, ou seja, uma classificação em função do contexto interno, externo ou de utilização em que deve ser aplicada, uma descrição e as caraterísticas de subqualidade conexas.

3.22 Definição de avaliação

Este modelo é composto por duas formas. A primeira permite estabelecer os produtos a avaliar. Dentro dos produtos a avaliar, podem ser escolhidos produtos intermédios, como os modelos de dados, ou produtos finais, como o ficheiro executável.

O segundo formulário divide-se em duas partes. A primeira estabelece os requisitos da avaliação, em que se define a finalidade, o público, a intenção, o nome do software, os objectivos da avaliação e os responsáveis pela avaliação. A segunda parte define a especificação da avaliação, que define o modelo de qualidade, as caraterísticas, as subcaracterísticas e as métricas que vão ser avaliadas para cada um dos produtos selecionados. **Fonte especificada não válida.**

3.23 Prestações

As vantagens oferecidas pelas métricas em termos de avaliação de produtos são a definição de referências de qualidade, a avaliação de módulos de sistema predefinidos, a certificação de qualidade de acordo com normas de qualidade, a criação de uma comparação entre produtos de engenharia de software e a existência de um serviço de monitorização da qualidade do produto.

É também de salientar que não só o pessoal que está a desenvolver o sistema beneficia, mas também a pessoa responsável, uma vez que recebe o sistema no momento certo e não passa por inconvenientes desnecessários.**Fonte especificada não válida.**

Como já vimos, por tudo que já foi investigado acima, essa métrica é um guia de avaliação, que possui alguns requisitos que devem ser seguidos de acordo com o tipo de software que estamos avaliando, produzido pelas normas da ISO/IEC 14598, essas normas são utilizadas por pessoas responsáveis pela manutenção para medir o cumprimento dos requisitos que foram dados, para ver se existem falhas e fazer suas respectivas melhorias conforme for avaliado, um algo, para obter melhorias desse algo, nesse caso um sistema - software, o mesmo que se na avaliação, utilizando a métrica 14598, apresentar alguma inconsistência nos dados ou algum processo esta gerando algum erro, em seu efeito todo aquele módulo será alterado ou melhorado, já que o programa deve ser ecoado por módulos, para como^ não ter que ficar gastando o tempo revisando todo o código, desnecessariamente, com isso é possível ressaltar que esta norma é muito útil já que está ligada ao processo da ISO/IEC 9126, razão pela qual suas caraterísticas no processo de avaliação são precisas e muito úteis como já dissemos anteriormente para avaliar o processo com o qual o desenvolvimento do software está sendo tratado, como são a repetitividade, neste ponto é analisado e avalia-se que algum processo não está gerando algum tipo de duplicata que tenha sido repetida, depois temos a reprodutibilidade, esta parte foca-se no que o utilizador nos pediu para fazer, se está correto, se está de acordo com o que foi estabelecido, se o problema está resolvido, imparcialidade, que qualquer dado pedido foi único e preciso, e finalmente a objetividade que como o nome diz foi objetiva e não está a ser redundante no que é pedido ao utilizador. O cumprimento das normas acima mencionadas e discriminadas, permite-nos ter um grau de qualidade do produto porque se as aprova, reflecte que o sistema é adequado e é útil em todos os seus aspectos, é de notar que também nesta norma o trabalho de avaliação é feito quando o software já está instalado no respetivo computador para ver se realmente tem algum problema na máquina que vai ser usada finalmente, uma vez que pode ser muito diferente a capacidade de resposta na máquina que o está a trabalhar que na máquina que o vai implementar, e pode gerar algum tipo de improvisação causando algum tipo de desagrado e inconformidade com o utilizador, desta forma aumenta mas a qualidade de avaliação se cumprir todos estes requisitos, isto também serve para lhe dar o valor ou custo deste software.

Na avaliação do software verificamos que é muito importante respeitar os modelos e as normas, esses modelos e normas devem estar o mais actualizados possível, pois devem estar actualizados para se ter uma avaliação de qualidade, como verificamos uma avaliação de qualidade não é mais do que avaliar o processo pelo qual o sistema está a passar e vai ser desenvolvido e como dissemos até a mesma instalação em que vai estar no computador final, até que esse processo seja avaliado para observar se existe um erro, uma falha foi no sistema ou fora dele, pois há computadores que os sistemas não podem ser instalados porque lhes falta um complemento ou porque não cumprem com tudo na instalação por isso^ que se está a depurar este tipo de falhas mediante a avaliação na métrica 14598, porque se detalham as caraterísticas mediante as quais se faz não só a avaliação da métrica mas também de métricas técnicas de qualidade do software que são os indicadores.

Também é necessário ter em conta as escalas de medição qualitativa e quantitativa, uma vez que é possível e é necessário qualificar as qualidades do software para ter uma maior aceitação e um certo grau de satisfação por ter sido cumprido com as caraterísticas que foram recomendadas, também a avaliação da parte quantitativa deve ser dada, uma vez que as despesas do software variam de acordo com as necessidades de um com o outro, e de acordo com as necessidades externas que podem ser apresentadas, estas duas caraterísticas a avaliar são muito importantes no que diz respeito à avaliação da qualidade do produto ou processos.

Para que a qualidade do software seja clara, é necessário ter em conta dois conceitos importantes:

Qualidade:
Segundo a língua Rhae, é a prioridade ou o conjunto de prioridades inerentes a uma coisa, que permitem avaliar o seu valor.

Software:
É um conjunto de programas, instruções e regras informáticas que permitem a execução de diferentes tarefas num computador. Assim se define, a métrica 14598, que como já sabemos define a avaliação de software como um modelo de qualidade para um conjunto de caraterísticas e a relação entre elas, que formam a base para especificar requisitos de qualidade e avaliar a qualidade.

Como podemos observar, os modelos de qualidade oferecem os padrões e parâmetros esperados para a criação de projectos de software. A qualidade do software é fundamental para uma empresa e a sua avaliação torna-se relevante para o cumprimento dos objectivos que se pretendem alcançar com a ajuda destes produtos de software.

Com isto podemos dizer que todos os modelos de avaliação de software são importantes e que todos os modelos de qualidade têm medições de sub-caraterísticas.

3.24 Identificação dos tipos de produtos a avaliar

A identificação do produto serve para estabelecer o tipo de produto a ser avaliado, se for um software de base, citando um exemplo, poderia ser um sistema Operacional, também pode ser software utilitário, por exemplo, uma ferramenta CASE ou algum software de aplicação, por exemplo, software de segurança, pode ser software financeiro ou educativo.

Tipo de produto de software	Exemplo
Software de base	Sistema operativo
Software utilitário	Mala de ferramentas
Software de aplicação	Software educativo

3.25 Conceção da avaliação

O plano de avaliação descreve os métodos de avaliação e o calendário das acções a ter em conta pelo avaliador. O avaliador pode atuar de forma coerente com o plano de avaliação.

3.26 Planeamento e gestão ISO/IEC 14598

Esta secção da norma fornece requisitos, recomendações ou sugestões e orientações para o departamento de apoio que é responsável pela gestão da avaliação do produto de software e da tecnologia necessária para a avaliação do produto de software.

Actividades de avaliação de software:

SOFTWARE DESENVOLVIDO		SOFTWARE ADQUIRIDO	
Actividades de Desenvolvimento	**Actividades de Avaliação**	**Actividades de Aquisição**	**Actividades de Avaliação**
O resultados dependem do eleição do CICLO DE VIDA (Especificação de requisitos, especificação da conceção do sistema)	Avaliação de resultados esperma (sai do projeto) (Revisão do desenho sistema)	Depende do seleção do processos de aquisição (Processo de Fornecedores)	Revisão de saídas específico para os processos de aquisição. Auditoria da processos de fornecedores

Relação entre o serviço de apoio e o projeto de avaliação

DEPARTAMENTO DE APOIO PROVA	PROJECTO DE AVALIAÇÃO DESENVOLVER
Nova tecnologia	Experiência em projectos
Normas normas	Experiência de avaliação

internacional	
Especialização (consultoria)	Dados do projeto
Formação	Experiência em tecnologia
Base de dados da organização	Resposta à função de apoio
Apoio a projectos de avaliação	

Quando uma empresa ou organização pretende planear e realizar uma avaliação de software, devem ser seguidos os seguintes passos:

- Definir os objectivos da avaliação do software.

- Assegurar um plano de avaliação quantitativa para todos os projectos a avaliar; este plano pode ser dividido em subplanos, a fim de estabelecer uma avaliação óptima.

As organizações ou empresas podem efetuar avaliações de software com base no seguinte:

- Assegurar que os resultados da avaliação possam ser verificados e certificados.

- Assegurar a utilização de tecnologias eficazes e de boas práticas.

- Assegurar a disponibilidade de recomendações para futuras actividades de avaliação.

Bibliografia

[1] V. Rosales Morales, G. Alor Hernandez, J. L. Garcia Alcaraz, R. Zatarain Cabada e M. Barron Estrada, "An analysis of tools for automatic software development and automatic code generation," *Revista Facultad de Ingenieria Universidad de Antioquia,* vol. 77, 2015.

[2] M. Estayno, G. Dapozo, L. Cuenca e C. Greiner, "Modelos y Metricas para evaluar calidad software". Greiner, "Modelos y Metricas para evaluar calidad de software", *XI Workshop of Researchers in Computer Science, 2009.*

[3] R. S. Pressman, Software Engineering: A Practical Approach, Sixth ed., México: McGraw Hill, 2006.

[4] I. Sommerville, Ingenieria del Software, Septima ed., México: Editorial Pearson, 2005.

[5] G. a. Ruiz, A. Pena e C. A. Castro, "Modelo de Evaluación de Calidad de SoftwareBasado en Logica Difusa, Aplicada a Metricas deUsabilidad de Acuerdo con la Norma ISO/IEC 9126," *Aavances en Sistemas e Informatica,* vol. 3, n° 2, pp. 25-29, 2006.

[6] L. Perurena e M. Moraguez, "Usability of websites, methods and techniques for evaluation," *Revista Cubana de Informacion en Ciencias de la Salud,* vol. 24, n° 2, pp. 176-194, 2013.

[7] M. A. Abud Figueroa, "Qualidade na indústria de software. La Norma ISO- 9126," *revistaupiicsa,* 2012.

[8] C. A. Largo Garrta and E. Marin Mazo, "Guia Tecnica para evaluacion de software," [Em linha]. Disponível:
https://jrvargas.files.wordpress.com/2009/03/guia_tecnica_para_evaluacion
_of_software.pdf. [Último acesso: 27 de julho de 2018].

[9] A. Holzinger, G. Searle e A. Nischelwitzer, "On Some Aspects of Improving Mobile Applications for the Elderly", da *International Conference on Universal Access in Human-Computer Interaction,* 2007.

[10] R. Harrison, D. Flood e D. Duce, "[Usabilidade de aplicações móveis: revisão da literatura 0] e fundamentação de um novo modelo de usabilidade", *Journal of Interaction Science,* vol. 1, n° 1,2013.

[11] J. Enriquez e S. Casas, "Usability in mobile applications", *ICT-UNPA,* 1] 2013.

Printed by Books on Demand GmbH, Norderstedt / Germany